阅读成就思想……

Read to Achieve

POWERFUL CONVERSATIONS

向下

How High-Impact

Leaders
Communicate

让决策
执行到位的
高效对话

沟通

[美] 菲尔·哈尔金斯（Phil Harkins）◎著　曾琳◎译

中国人民大学出版社
·北京·

图书在版编目（CIP）数据

向下沟通：让决策执行到位的高效对话／（美）菲尔·哈尔金斯（Phil Harkins）著；曾琳译. -- 北京：中国人民大学出版社，2022.4

书名原文：Powerful Conversations:How High-Impact Leaders Communicate

ISBN 978-7-300-30375-8

Ⅰ. ①向… Ⅱ. ①菲… ②曾… Ⅲ. ①领导人员－语言艺术－通俗读物 Ⅳ. ①C933.2-49

中国版本图书馆CIP数据核字(2022)第039540号

向下沟通：让决策执行到位的高效对话

[美]菲尔·哈尔金斯（Phil Harkins） 著

曾琳 译

Xiangxia Goutong: Rang Juece Zhixing Daowei de Gaoxiao Duihua

出版发行	中国人民大学出版社		
社　　址	北京中关村大街31号	**邮政编码**	100080
电　　话	010-62511242（总编室）		010-62511770（质管部）
	010-82501766（邮购部）		010-62514148（门市部）
	010-62515195（发行公司）		010-62515275（盗版举报）
网　　址	http://www.crup.com.cn		
经　　销	新华书店		
印　　刷	天津中印联印务有限公司		
规　　格	148mm×210mm　32开本	**版　次**	2022年4月第1版
印　　张	8.375　插页1	**印　次**	2022年4月第1次印刷
字　　数	174 000	**定　价**	65.00元

版权所有　　　侵权必究　　　印装差错　　　负责调换

推荐序

西塞罗一开口，人们拍案称奇。

恺撒大帝一开口，士兵列队前进。

伟大的领导者是如何获得权力并改变了这个世界，一直是我关注的课题。当我还在美国辛辛那提大学担任校长的时候，在一天繁忙的工作结束后，我常常会回想我这一天的所作所为，并且反思自己如何才能把事情做得更好。对我来说，领导者的影响力和能力最终都可以归结到一个问题："我做出了什么积极的改变？"在阅读本书之时，我意识到，虽然领导力是一门复杂的学问，但归根结底是高效的沟通方式使得领导者与众不同。

我在阅读菲尔·哈尔金斯的这本书时想到了上面的那两句名言。虽然我不见得能做到用自己的语言去激励士兵列队前进，但我常常会想如何更好地与人对话，以及有效沟通可能带来的好处。哈尔金斯在本书中讲述了高效对话的定义，同时对对话这种沟通方式予以了细致的分析，对其结构进行了详细的讲解。本书内容对于领导者来说可谓通向成功的必修课，因为高效对话所带来的往往是行动、成绩、承诺和理解。就像恺撒大帝的言辞所产生的效果一样，因为目标明确，所以志在必得。

本书中所讲述的内容与我个人的经验和研究不谋而合。正如哈尔金斯所看到的，我发现卓越的领导者总能真诚地与人沟通，他们谈话时的坦诚和清晰的表达总能给人留下深刻的印象。他们不仅能明确地让别人知道自己的目的，还会让别人了解自己的为人和秉持的态度。真正的领导者总是目标明确，并懂得审时度势。最终，他们会最大限度地发挥周围人的能量，并达成目标。领导者之所以能做到这些，正是因为他们深谙对话的力量。

本书不只是一本普通的管理类书籍。它将要告诉读者的是领导者的沟通之道以及背后的原因。阅读本书给我带来了惊喜、愉悦，就像读故事书那般饶有趣味。读完此书，我不禁开始审视我个人所进行的各种对话以及我应该如何更好地与人交谈。书中谈及的一些领导者的故事不仅精彩纷呈，有时还令人备感温暖。我相信你也会和我一样对书中所述产生共鸣。

本书对于沟通问题所开出的良方让我印象最深。书中以平实的语言讲述了高效对话的各个步骤、程序和方法，具有很强的操作性。书中的某些部分就像一本实用指南，所以我建议读者把它作为自己的案头书，以便在需要的时候随时阅读。无论你是要主持会议、演讲，还是要进行一对一的重要谈话，请先花点时间参考书中的提要，以确保对话的成功。我相信，如果领导者希望自己具有影响力，那么他就必须学会明确、坦诚和一致的交流方式。但是，要做到这一点需要领导者深入学习，反省自身并对症下药。

领导是一项艰巨的任务。托马斯·潘恩（Thomas Paine）曾经描述过在美国独立战争中的士兵需要多大的忍耐力，与那些"和平时期的士兵"相比，战争时期的士兵就是勇气的象征。本书告诉我们，逆境中才能产生伟大的领导者。在歌舞升平的时候，大部分领导者都能很好地胜任自己的职责，然而，卓越的领导者却是从混乱局面中脱颖而出的。当领导者处于困境时，他们的领导力会受到严峻的考验，此时，他们必须要依靠高效对话来赢得胜利。

有些对话至今让我记忆犹新，优秀的领导者能够让一次对话成为难忘的回忆。这些卓越的领导者不仅让人记住他们曾经说过的话，还会让人记住他们之后的行动。行动和言语之间的距离似乎不再存在，领导者永远明白履行承诺才能建立信任的道理。他们也深知人们不仅仅在评判他们说过的话、做过的事，而且也在猜测他们不曾说的话、没有做到的事。身为领导者，我们都要反思我们在他人心目中的形象。本书将指导你在工作和生活中树立威信，并助你在沟通对话中脱颖而出，令人难忘。

沃伦·本尼斯（Warren Bennis）

领导力大师

南加州大学工商管理荣誉教授

POWERFUL
CONSONVERSATIONS 自序

"真希望当初就明白这些道理。"这句老话用在此处也很合宜。从本书初版到现在，已经有 20 多年的时间了，我难免也会有此感叹。此次的新版包含了这 20 多年来我听到的读者反馈和建议。很多领导者告诉我书中提到的沟通技巧给了他们很大的帮助，他们也真切地感受到了语言的威力。同时，还有来自世界各地的领导者告诉我书中的"权力金字塔"工具既让他们学会了避开权力的"沼泽"地带，也让他们通过沟通能力的提高与他人建立了良好的关系。

书出版后，我陆续收到数百名读者的来信反馈。他们指出了书中各种工具的实用性和实效性，因为这些简单易行的工具让他们避免了犯一些对话中常见的错误。我也了解到一些读者在阅读本书之后学会了将书中谈到的对话沟通技巧运用到日常工作和生活之中，并最终养成了终生受用的良好沟通习惯。在参加各种会议、工作坊、学术交流时，我很高兴地听到人们说我的书在传授知识的同时也帮助他们收获了快乐。

在我随后的工作咨询中，我观察到我的顾客、朋友，甚至家人再听我说对话沟通技巧时不仅不再打断我，还会在我停下来的时候说"再接着谈……吧"。可见我在书中提到的一些简单的技巧让读者能够有效地继续交流，在询问、要求对方的同时又巧妙地做到了不让人感到唐突。我欣喜地听到有些读者在实践了书中介绍的技巧之后，将对话当成展现真诚的机会，并成功地与他人建立了更为紧密的联系。

一言以蔽之，本书旨在帮助你成为卓越的领导者，并意识到语言在我们的工作和生活中的重要性。一个善于沟通的领导者不仅能在工作中应付自如，在经营自己的生活时也能做到体贴周到。就拿停顿的作用来说吧，一个领导者如果能自信地与人交流，且在交流中懂得适时地停顿，就能给予对方一个思考反馈的机会，从而向成功沟通迈出一大步。最后，我衷心希望读者能通过阅读这本书而有所收获。如果你有任何问题，请来信咨询，我的电子邮箱是 philipjharkins@gmail.com。我在此恭候你的来信。

有时候，孩子可以看到一个复杂问题的核心，因为小孩子有着大人不具备的坦诚和简单。

几年前，我参加公司的一个聚会，当时有一个五岁大的小男孩走过来，问我在 Linkage 公司（该公司是我在 10 年前创立的）做些什么。为了向他解释我在公司中所扮演的角色，我向他解释了公司是做什么的，我们的目标是什么，以及我们为客户提供什么样的服务。我没有直接告诉小男孩我是公司的 CEO，我说我的身份就像一名船长——不过，我每天做的更多的是通过影响力、来自下属的信任和员工责任来更好地经营公司，而不是通过施加权威或下达命令。

小男孩挺不耐烦地打断了我，说："我不明白你的意思。你就跟我说说你每天做的事情吧。"

于是，我换了种方式，尽可能清楚地向他罗列我在公司一天基本会做的事情。其中包括会议、电话、备忘录、信件，在走廊上进行的一对一谈话等。小男孩认真地听着，我当时想，这种沟通是多么地亲切啊，我也意识到达成目标非常需要建立这样紧密的联系。

他再次打断了我，这次他非常高兴，因为他明白了我谈话的内容。他说："我明白了，你的工作就是谈话。"

对于小男孩的结论我还真的很认可。当我再次回想我所做的事情时，我也同样意识到作为领导者，我要做的就是跟周围的人进行有效的、目的明确的对话。

在过去 10 年中，我一直在学习、观察，并和其他公司领导者合作。这些公司规模各异，从事的行业也五花八门。我们合作的公司遍布世界各地，从新加坡到美国都有我们的客户，而且这些公司都有各自的企业文化。我所创办的 Linkage 公司主要是为财富500 强企业或者是其他大公司提供服务，帮助它们进行组织发展规划、产品和服务发展项目规划等。我学习领导力已经长达 30 年，而创立 10 年的 Linkage 公司是我研究的实验室。

Linkage 公司主持了各种以组织和领导力为主题的会议，参会者均为该领域的泰斗，比如彼得·德鲁克（Peter Drucker）、加里·哈梅尔（Gary Hamel）、彼得·圣吉（Peter Senge），还有约翰·科特（John Kotter）。会议也邀请到著名公司的 CEO，比如摩托罗拉的鲍勃·高尔文（Bob Galvin）、全球领先的办公家具及服务供应商 Herman Miller 的马克斯·得普利（Max DePree）和星巴克的霍华德·舒尔茨（Howard Schultz）。Linkage 公司的咨询师们在多年的从业过程中收集数据、采访不同的客户、观察优秀领导者的品质，并测试各种领导力和沟通理论的有效性，从中总结出的理论和资料为本书奠定了基础。

我也指导他们开展了关于领导力的行动研究，这项研究得到了 Linkage 公司全球领导力发展部的支持，该部门由我和沃伦·本尼斯共同管理。这些年来，我为下列公司的领导者提供过咨询服务：美国卡夫食品（Kraft Foods）公司、普瑞纳（Ralston Purina）公司、运通公司、施乐公司、马萨诸塞州总医院（Massachusetts General Hospital）、布里格姆妇女医院（Brigham and Women's Hospital）等。我注意到这些企业的管理者最看重的就是通过我的帮助使得他们的沟通技巧得到了提高。

在为企业提供咨询服务时，我们旨在为企业提供可行的方案，帮助领导者增强影响力、取得更好的业绩，并为他们提供测评方案。我们把那些最佳领导者称为卓越领导者，将他们所采取的策略称为高效对话，虽然他们自己可能会有不同的命名。

高效对话的实施始于两个或更多人之间的沟通，他们表达自己的感情和信念，然后交流各自的愿望和需求，最后落实到具体的行动步骤和目标的制定上。高效对话可以推动议程，所有参与者都将清晰地理解目标，并致力于目标议程的达成。公司成员共同努力最终实现目标，会帮助成员之间建立信任，使成员之间的关系得到升华，并为下一步的高效对话做准备。高效对话为顺利、快捷的沟通打下了基础，并推动下一步沟通的成功。如果一家公司的管理者都能够开展高效对话，那么这家公司一定是一家高效的公司。

有人认为建立和经营关系、了解人们的需求、让员工树立责任感，并谨慎地建立信任，有利于公司良好工作环境的建立，但上述需求通常并非公司最急需处理的事情，所以有人把上述努力称为"软实力"，但是这种"软实力"的观点是有误的。我们都知道只有明白无误的交流才能有助于取得成效，这说起来容易，但实施起来其实很难。事实上，沟通常常都无法做到清晰明了、前后一致，所以很多事情都难以取得进展。有时，沟通的结果是误读情绪、曲解真相。再者，当沟通涉及棘手的事情时，整个沟通的过程常会伴随着迂回冗余的争论，结果不明确、对话杂乱无章、交流者之间个性的冲突，还有各方不一致的目标，这些都是沟通中常见的问题。

如果对话能够直击主题，挖掘问题的核心，那么这种对话对于公司来说就绝不仅仅是"软实力"了，而是事关重大的"硬实力"。在接下来的章节里，我会给大家列举分析很多不良沟通的案例。比如，有一次，一位首席执行官和老板对话，可是谈话结束时都没听明白老板刚炒了自己的鱿鱼；还有一个例子是华尔街一家大公司不善了解民意，而痛失身价 500 万美元的明星证券分析师，这位分析师最后投奔了其竞争对手。

书中有关领导力的指南和故事主要是基于我个人的理解，而不仅仅是来自学术著作。在我的职业生涯中，我有幸与一些知名的企业合作，或者为它们工作，因此，我认识并曾与一些最优秀的公司领导者一起共事。这些领导者的讲话、会议发言，还有与他们进行的对话都是我观察学习的好机会。在这些场合里，我看到了他们如何在每天的工作中发挥作用，并取得工作进展。在本书中，我要与读者分享这些年来我从中学到的经验教训。

优秀的领导者通过对话总是能达到以下三个目的：（1）推进工作；（2）相互了解和学习；（3）加强联系。高效对话正是成功交流的密钥，它使得领导者收获更多的信任，取得更多的成果，同时还能建立或保持和同事、上级、下属的良好关系。

这是一本关于高效对话技巧的实用手册，旨在帮助读者加强领导者与人沟通的能力。书中有实用的工具、测评、实例和模块，它们将助你理解书中的知识要点，并且能在实战中得到充分运用。具体来说，本书包括三个部分。

- 第一部分主要是定义高效对话。什么是高效对话，高效对话的构成、作用和目的以及高效对话的效果。
- 第二部分主要是运用高效对话。具有影响力的领导者是如何运用高效对话留住人才，并传达自己身为领导者的声音的。
- 最后的附录部分包括一套实用可行的工具。例如领导力测评工具（LAI），读者可以利用这些工具来实现高效对话并掌握高效对话的精要。

聚会上那个前来跟我交谈的男孩说得对，领导者的工作其实就是谈话。领导力其实就体现在工作中进行不同内容的高效对话。

POWERFUL
CONABLE

目录

POWERFUL

第 一 部 分

高效对话是一门学问

CONVERSATIONS

CHAPTER 01

成为一名卓越领导者

身为领导者免不了要在各种场合讲话。领导者讲话的影响力常常可能决定他们的成败。

其实，我们试想一下就会发现，领导者最基本、最重要的职责就是与他周围的人打交道。有时是在走廊里讲几句，有时是通电话，有时是在午休时短暂地聊几句，有时则需要长谈数小时。领导者有时需要当面评价公司某个重要员工的业绩，有时也需要在数千名员工参加的公司年会上致辞。总之，领导者的工作总是免不了讲话这个环节。

领导者与员工、同事、客户或者其他人的会面，无论是简短的一时兴起的，还是周密的事先安排好的，都可以通过与他人的对话实现某个目的。也许领导者简短的几句话就能直接影响公司销售人员的表现。每周的例会则是领导者会见各级主管，面授机宜，并了解公司状况和财务状况的时机；通过电子邮件，领导者会了解到某个项目的进展，并可以通过邮件对相关人员给予支持和鼓励；在公司会议上，领导者要和公司各部门主管商讨下一步发展策略，并确定协作方案；在公司的颁奖大会上，领导者要借此机会宣扬公司的价值文化以及愿景目标。总之，领导者会通过他们的对话建立联系、赢得支持，并向公司的目标迈进。

但是，这些对话取得了什么成果却很难衡量，对话中各人的观点也不尽相同，领导者讲话的效果也可能达不到预期。其实，沟通的过程常常伴随含糊不清的问题，沟通的结果也无法事先预测。即使是事先安排的对话，也必须考虑到谈话者当时的心情、精力和谈话者之间的关系、性格等不可忽略的因素。有时领导者的讲话直奔主题，有时则是意在建立一种新的关系，有时领导者的对话可能起不到应有的作用。不过无论怎样，领导者总是要继续他的工作：召开下一个会议，制定下一步的目标，并且对新情况进行解释说明。

可以肯定的是，以上提及的各种交流都是可以改进的。从进入咨询行业开始，我就思考如何使对话更高效的问题。之后我开始阅读相关书籍、手册和任何可能帮助我提高领导力的资料。虽然我希望通过阅读了解更多的相关知识，然而我却没能找到自己想要的答案。

幸运的是，我的第一份工作给予了我很大的启发，它使我了解了不少成功的对话模式。在工作时，我观察那些卓越的领导者的言行，总结了他们之所以深具影响力的原因。我当时的上司是吉姆·刘易斯（Jim Lewis），我发现正是他出色的沟通能力使他脱颖而出，成为一位卓越的领导者。我所在的雷神（Raytheon）公司里的每一个人都相信吉姆说的话，因为他的话都是发自内心的，而且清晰明了，言出必行。他很快就博得了我的信任，他让我感到他不仅会关照我，而且会关照公司的其他员工。吉姆的领导力也影响了我们公司的客户、供应商，甚至是我们的竞争对手。总之，吉姆给人的印象是一言九鼎、言出必行。归根结底，我认为吉姆说话的内容和方式造就了他的影响力。只要是吉姆制定的目标，大家就会不辞辛苦，力求完成。由此，我看到了卓越的领导者讲话的影响力。我开始试着理解这背后的原因，以便日后能够帮助其他领导者获得同样的影响力。我当时就意识到，如果像吉姆这样的领导者能通过杰出的沟通能力来激励员工，那么高效对话就不仅仅是一门艺术，而且应该是领导者必备的技能。

那么，高效对话为什么对有些领导者就那么难呢？是因为高效对话的能力需要天赋，还是因为高效对话的能力是可以通过学习获得的技能？通过观察思考，我的结论是学习培养才是获得高效对话能力的途径。

本书探讨的主题就是领导者该如何深思熟虑、省时省力地运用对话来达成各种目的。实际上，成功的领导者讲话不仅讲究策略，也是仔细权衡、思考后的结果，这些都是高效对话必不可少的。我把能够做到这一点的领导者归为**卓越领导者**之列，把他们所使用的对话方法称为**高效对话**。

　　有人认为沟通能力是"软实力"，它和公司制定的目标、取得的成果无法直接挂钩。其实，高效对话的目的正是促成结果的达成。我所认识的领导者，虽然他们可能并不把这种技巧称为高效对话，但是他们都会有意识地去运用同样的沟通技巧来影响他人、赢得支持、促成行动。他们知道这是一种非常可靠的手段。布里格姆妇女医院的前任总裁杰夫·奥滕（Jeff Otten）、EMC 公司的前任总裁迈克·鲁特格斯（Mike Ruettgers）、威利斯顿金融集团（Williston Financial Group）的董事长兼首席运营官史蒂夫·奥兹尼安（Steve Ozonian），以及卡夫食品公司（现为卡夫亨氏公司和亿滋国际的一部分）的艾琳·科比（Alene Korby），以上我所认识的这些企业领导者会用尽各种办法提高业绩、达成目标。他们也因为使用高效对话而促成了目标的实现。即使是在日常工作中，我所认识的这些领导者们也会有意识地去运用高效对话的技巧。

　　在这一章里，我想梳理关于高效对话的几个概念性问题，然后分析这些概念如何帮助领导者实现公司目标。首先，我将简明扼要地解释相关概念，当然，在第一部分的其他章节里我还将深入探讨这些概念；之后，我会详细介绍卓越领导者的概念，并具体描述他们是如何做到言行一致的。

　　谈到沟通的有效性，我们还需要重新审视"信任"的重要性，因为只有先获取信任，领导者的讲话才具有分量。在接下来的章节里，我们还会看到星巴克公司（Starbucks）的创始人兼董事长霍华德·舒尔茨是如何运用高效对话来实现公司的战略计划，并赢得了公司股东的全力支持的。我们会看到，一般的领导者可能只会停留在计划阶段，但是像霍华德这样的卓越领导者则能够运用高效对话带领公司上下完成困难的任务。

高效对话的重要性

总的来说，高效对话可以定义为：发生在两个或更多人之间的对话。通过对话，各方交流感情和信念，了解各自的看法和需求，最后落实具体的行动步骤并制定共同努力的目标。具体来说，高效对话可以帮助对话者实现三个目的：推动日程的实施、提供相互学习和了解的机会、加强联系。

那么，高效对话和一般对话有什么不同呢？这两种对话之间存在着本质的区别，想必读者也很容易看到这种区别。接下来，我就谈谈我的看法。首先，能够达成目标的沟通必须是清晰明了的，这一点说起来容易，做起来却很难。我们应该看到沟通时要做到清晰、一致、有效本来就很难，而且沟通过程中常常会发生误解和误会。如果沟通过程涉及的问题很棘手，那么我们常常会看到大家会就某个环节争论不休却毫无结果，而且我们常常未能明确所探讨的问题。与会者之间也可能存在个性冲突或者目标也不一致等情况。

其实，如愿的结果往往来之不易，这需要对方在困难时刻团结一心，共同克服种种阻碍才能最终达成目标。当双方能真正深入交流，彼此放下心防时，会更清楚地了解对方，真诚而认真地对待对方。双方都知道应该做什么，完全信任对方、理解对方。

可惜，在大多数企业里，我几乎看不到真诚的对话和沟通。人人各怀心事，沟通也常流于表面。人们似乎刻意去避免深入了解对方，这样一来就无法制定任何清晰明了的目标了。所以，沟通的结果就是大家在对话结束的时候对某个问题的理解各不相同，各人的感受也都不一样，对于下一步的目标和行动的认知也是模棱两可的。如果参加会议的既有男性领导者又有女性领导者，那么误解往往会更深。黛博拉·坦纳（Deborah Tannen）的最新研究表明，性别的不同会影响人们对于信息的理解。因此，领导者应该努力去提高自己的沟通技巧，并理解有效的和有影响力的对话是如何建立的，是哪些潜在的因素导致与话者之间感情加深（或恶化）的。

关于对话的研究由来已久，但是很遗憾，至今对话也没有被当成需要专门研究的学科。虽然你可能刚刚翻开本书，但想必你已经意识到对话在我们日常工作和生活中的重要性了。我们通过对话建立联系、与人交流、达成理解，我们的工作和生活都离不开对话。但是，并不是每个人都知道可以通过学习培养来获得高效对话这个重要的技巧。我们可以分析研究，并通过实践提高自己的对话技巧。也有很多人没想过要提高自己与人沟通的技巧，但这是我们应该要去做的。试想一下，我们是不是因为沟通技巧不佳而错失了很多好机会？如果我们能够谨慎有策略地去与人沟通，就会给人留下更好的印象。

从 19 世纪中期开始，对话的重要性终于因种种原因得到了更多的重视。艾伦·韦伯（Alan Webber）发表在《哈佛商业评论》（*Harvard Business Review*）上的重要文章《新经济到底新在何处？》（*What's So New about the New Economy?*）中提到了对话在当今经济学知识中的重要性。也有人认识到对话在构建学习型组织中的重要作用，像帕洛阿尔托研究中心（Palo Alto Research Center，PARC）这样的研究机构已经确定把合作性对话纳入学习型组织的建设当中。对话终于被正式纳入组织工作流程当中了。朱安妮塔·布朗（Juanita Brown）和戴维·伊萨克（David Isaacs）在合写的《对话作为商业流程的核心部分》（*Conversation as a Core Business Process*）一文中提道：

> 请停下来想想，组织中最广泛的、有影响力的学习可能不会发生在培训室、报告厅或会议室里，而可能在餐厅、走廊或街边的咖啡馆里进行。人们也可以通过电子邮件、电话、与同事的闲谈来交流重要的商业信息，分析商业问题并寻求解决方案。

布朗和伊萨克指出，虽然很多管理者害怕员工互传小道消息，但是这种沟通方式并非一无是处，它也可能是员工学习交流、保持联络的方式。

在进一步谈到对话的作用时，布朗和伊萨克说传递小道消息与正常的对话或者组织工作中发生的对话有着本质的区别。但是基于以下九个原因，这种沟通方式却更有效、更令人满意。

- 我们互相信任。

- 我们专门找个时间谈话，交流一下对一些重要事情的看法。

- 我们可能意见不同，但是我们会仔细听取对方的意见。

- 对方认可我说的话，在交谈中没人对我指手画脚。

- 通过对话我们的关系更密切了。

- 我们会探讨重要的问题。

- 通过对话，我们对很多问题有了同感，这在开始的时候是不存在的。

- 我们通过对话学到了一些新的、重要的东西。

- 我们达成了更多的共识。

关于这种沟通方式，我认为最重要、也是最基本的一点是，通过这种闲聊的方式，谈话者之间既建立了信任，也起到了互相学习的作用。其实领导者同样可以通过高效对话的方式来和同事、员工进行沟通，建立信任，互相学习。我们应该力求在各种不同的对话中都达到上述目的。

现在试着回想一下，你最近参与过的一次重要的对话。想想对话发生的地点、环境、对话开始和结束的方式，然后回答下列问题：是什么让你觉得这次对话很重要？为什么你能对这次对话念念不忘？对话中大家都说了什么？那些话有什么意义？那次对话产生了什么影响？

我相信，你会发现对话成功的原因不外乎下面三个因素。

- 所有谈话者都一致认同某种重要的情感、观点或信念，而且大家也都知道这些情感、观点或信念是什么。

- 各自的需求都得到了他人的尊重，没有人会就此妄加评论。
- 谈话结束时大家能达成共识，而且每个人都清楚地知道并理解这种共识。

在更为亲密的或者家庭型的交谈中，你可能会更容易观察到上述三个因素。因为人们只有在极其放松的氛围之下，且谈话者都开诚布公、互相信任、相知很深时，才会放心地说出自己真实的感受和需求。我们中有多少人可以通过对话体会到与他人建立起一种新关系的喜悦，并体会到一种成长的快乐呢？

这样的沟通使谈话者之间加深理解，更加设身处地为对方着想，仔细倾听对方的观点，最后双方达成共识并共同就某个目标努力。卓越领导者可以通过高效对话来达成上述目的，他们可以激励身边的人共同实现一个伟大的目标。在保诚房地产和搬迁方案公司（Prudential Real Estate and Relocation Solutions）召集的领导层会议上，保诚集团（Prudential Real Estate Affiliates）总裁约翰·范德沃尔（John Van Der Wall）看到，运用高效对话的结果是为下一次的沟通打下了良好的基础，从而使沟通越来越和谐。本书的主题就是要帮助领导者达成这样的沟通。

如何开展高效对话

当大多数人谈及领导者的影响力，都会觉得要成为一言九鼎的领导者，就必须天生具有很好的沟通能力，但事实并非如此。当然不乏有些领导者天生就魅力非凡且善于沟通，但是开展高效对话需要的是技巧，而且是一种可以通过学习、实践获得的技巧。卓越领导者深知自己的长处和弱势，他们也善于观察那些成功的沟通者，并懂得虚心向他人学习。只要有机会，他们就会认真观察其他人是如何激励团队、主持会议、发表讲话、一对一沟通的，借此学习他人运用语言的技巧。

相信看完本书，你就可以学着分析自己的讲话风格，然后进一步提高自己的讲话技巧。高效对话作为一种技巧，可以分为入门级、中级和高级三个层次。无论是哪个阶段的学习都将有助于你提高沟通能力。

不过学习不是一件容易的事情，对于成年人来说更是如此。重新学习沟通这样最基本的技巧，对于我们来说其实是一件相当困难的事情。在很多人从小生长的环境中，人们并不认为坦诚和清晰的沟通是重要的。我们今天的行为和我们过去所接受的教育是密不可分的。从职业的角度来看，我们在职场成长的过程中所接触的环境也可能是封闭且令人窒息的。我们曾经遇到的一些职场楷模，他们的表现也可能与今天的世界不再合拍。亚里士多德就说过："学习的第一原则就是要接受你所不知道的东西。"要成为卓越领导者首先要学会接受新事物。

从现在就开始学习、实践高效对话是帮助你成为一名优秀领导者的开始。我希望本书所列的理论和工具能够为你提供一个行动手册，帮助你把高效对话落到实处。我在书中会详细地列举卓越领导者所常用的对话方法，分析他们是如何通过对话建立信任、引领团队实现个人和企业目标的。

我自己虽然一直在研究和实践高效对话，但是这个旅程远没有结束。我曾经在雷神公司、波士顿大学担任管理职位，后来又创建了 Linkage 公司，这些工作使我一次次意识到有效沟通的重要性。面对变化的环境、个人的成长、市场的需要，还有不断增多的员工，我发现高效对话不啻为以不变应万变的法宝。我们的公司虽然成立并不久，但是却在不断成长壮大。正是有了高效对话这个法宝，我才能处变不惊，应付自如。

虽然我已经可以自如地运用高效对话的技巧，但这是一个缓慢、困难、费心的过程。虽然我因为工作的关系可以亲自观察并学习卓越领导者是如何进行高效对话的，但是我发现要仔细倾听他人的心声和需求仍然是一件困难的事情。其实个中原因很简单，领导者也会出于自私的缘故更愿意考虑自己的愿望和议程，而不是他人的愿望和想法。从理论上讲，我知道如果要建立信任并加强感情，我们一定要关照别人的所思所想，但是把这种愿望付诸行动仍然需要自己不断提醒和克制。有时我也会安慰自己，因为至今我尚未碰到一位领导者可以做到忘记自己利益的地步。因此，领导者需要不断地提醒自己去克服自己的私欲。

卓越领导者之所以极具影响力是因为他们能够不断地提高自己的沟通技巧。他们知道领导能力在很大程度上取决于他们的沟通技巧，所以他们希望在这方面了解更多、实践更多，以便取得更好的成绩。通过对话来影响他人绝非易事，身为领导者也需要不断地磨炼、实践和学习，才能提高自己的沟通技巧。

卓越领导者

接下来，我想谈谈卓越领导者所具备的优点，并解释什么样的领导者可被称为卓越领导者。

其实你们可能已经都想到了，卓越领导者是那些能够实现目标的人。他们让愿望成真；他们能制定清晰的议程，并推进这个议程；他们能够获得他人的支持，推动企业、部门及团队前进。卓越领导者与他的职位和级别完全没有关系，我们常常会在一家企业的基层发现上述这类优秀的领导者。

卓越领导者从不无故行出人意料之举。他们言行一致，讲话清晰明了，言而有信。卓越领导者通常魅力非凡。不过，魅力并非领导者所必须具备的，更重要的是真正的领导者能够适时地担负起责任。他们也是那种能够使人佩服并愿意追随的人。卓越领导者从来不乏追随者，如果有一天他要离开，那么他不会孤独地离开，肯定有人会追随他而去。

卓越领导者都会灵活地运用高效对话，而且说到做到。通过高效对话，他们可以建立信任，赢得他人的支持；通过坦诚交流，他们能够让别人认同他们所制定的目标，并且激励他人为目标共同努力。当然，他们也会用行动来证明自己值得他人的信任，并会竭尽全力使公司目标得以实现。

卓越领导者所运用的高效对话涉及两个概念：言和行。我知道有的人非常善于运用高效对话，但是却无法成为领导者，因为他们言而无信。反过来，在我所认识的卓越领导者中，也没有一个人是不善于运用高效对话技巧的，虽然有的人是在无意识的状态下运用这些技巧。身为领导者，只有自始至终地实施高效对话，并做到言出必行，才可能成为极具影响力的领导者。为什么言行一致那么重要呢？因为如果不是这样就不可能获得真正的信任，毕竟，只有言行一致的领导者才能获得持久的信任。

再进一步说，如果领导者通过高效对话制订了明确的行动计划和目标，那他也会让自己的下属明确理解对话所有的内容，并在此基础上照章办事。只有在领导者一次次身体力行地实施了计划之后，下属才可能真正地信任他，或者信任他说的话。领导者言而无信的结果可能是灾难性的，所以优秀的领导者对此都高度警惕，他们深知下属主要是通过自己的言行来评价自己。

高效对话最重要的功能之一就是能够使信息明确无误地传达，这对于成功地建立信任是不可或缺的。我已经记不清有多少次听到身陷困境的领导者抱怨说："老天，我简直无法相信他们会那样理解我的话。我压根就不是那个意思。"而下属则会说："我真不敢相信，我们头儿当时明明白白说要这样做，但是最后居然推得干干净净。"显然上司和下属都很不满意，于是障碍就产生了。双方之间的信任自此大打折扣，甚至荡然无存。

沟通明确的意思是领导者可以让他人完全无误地理解自己说话的意思。这就需要对话双方之间坦诚、互相信任，还有双方要积极地沟通自己的看法、需求，并明确责任。而且，这些共识最终都要落实到行动中去。

儿时的家庭生活使我第一次认识到说和做的关系。我小时候住在波士顿一个爱尔兰天主教移民社区。在我家，没有人会因为讲话明了而得到表扬，家里的男人都不可以公开表露自己的情感。一家之长也绝不可以表现出软弱或者公开表达自己的需求和愿望，因为没人会公开说出自己的想法，我们只好去互相猜测对方的意图、情感和愿望。结果家人之间不仅会产生误会，甚至会因此而伤了感情。如果一家人之间都不能直接表达自己内心的情感，长此以往，就会有人感到生气甚至是怨恨。

这个道理在工作中也同样适用。作为领导者，你是否经常让自己的下属猜测自己的想法呢？下属是否需要自己去领会你讲话的意思？你是否做事前不给理由，让下属不得不自己去找寻原因？更糟糕的是，是否你说的和做的根本就不一致？这意味着，你说过的话完全没有意义，而你作为领导者也将因此缺乏威信。我从自己的大家庭所学到的经验是不进行清楚透明的沟通是肯定行不通的。这在职场中也不例外。因为如果沟通不清晰就会直接导致人们对事物的理解不一致，接下来就会引发更多的问题。如果一家企业存在言行不一致的问题，那么它们就会像通天塔的故事所描述的那样：因为无法进行沟通，所以无法实现任何目标。

图 1-1 简单地描述了说和做之间的各种关系，以及卓越领导者是如何利用这种关系的。

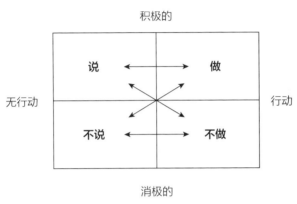

图 1-1 言和行的矩阵图

很明显，领导者的言和行是人们评价他的标尺，但是其实领导者不说和不做的也会成为人们评价他们的标准。有趣的是，我们通过这个图可以看到对角线所标出的各种行为之间的关系。比如，说和不做之间的关系，以及做但是不说的关系就非常耐人寻味。当领导者出现上述行为，说了不做，或者做了却没有说，他们就会遇到麻烦。领导者最好的做法是，完成那些他们说过的事情，而不去做自己没有说过的事情。说到这，读者可能觉得听起来有点像绕口令。但图 1-1 中标明的关系简要说明了卓越领导者是如何实现高效对话的。

信任的重要性

在理解高效对话或者如何成为卓越领导者之前，我们需要先认识到信任的重要性。在第 6 章中，我还会详细谈这个话题，但是在此我要先谈些最基本的问题。

身为领导者首先必须获得组织的信任，这是头等大事。在过去 10 年里，企业的领导者和组织形式都发生了巨大的变化。传统的命令加控制型的管理方式已经难以为继。就在不久之前，一个企业组织的领导者还拥有不容置疑的权威和地位，而在企业的基层，主管也拥有对下属的绝对控制权。如果领导者发话："跳吧。"那么下属的回答一定是："好的，跳多高？"传统的组织基本上都是依照这种模式来运转的。这就像晚宴时我们要遵循礼仪来安排座位一样。传统的组织结构本身就已经明确了谁才是说了算的人。这种安排的好处是人们可以很容易地预测工作中相关的各种事情。

但是今天，传统的管理模式已经无法像过去那样运转了。尽管企业中仍然存在着各种层次结构，上级也会下达各种指示，但如今的组织结构已经发生了很多变化，比如平行设置的部门、跨科室的项目组以及角色轮换等企业组织行为使得很多职位的定义变得模糊不清。如今企业中出现的职位轮换和变化也解决了一些问题，如过去一个企业领导者常常需要一对一地去了解不同级别的管理者，曾经极其耗时的问题，如今却因为组织模式的改变而迎刃而解。

今天的卓越领导者主要是通过建立信任并激励员工承担企业使命的方法来领导企业的，这无疑也是一种更佳、更便捷的领导方式。通过高效对话，领导可以很快地了解下属的想法和愿望，从而知道该如何去激励员工，并领导他们齐心协力地完成企业设定的目标。

从大的层面来看，信任可以帮助一个组织以最快的速度做出决策、发现问题、采取行动。所有的卓越领导者，无一例外，都高度重视信任，因为他们知道没有信任，就没有成果。通过高效对话，领导者可以达到以下目的：推进议程、加强联系、相互了解和学习。在此基础上，领导者将赢得下属的信任，并最终实现共同制定的目标。

我们不妨把信任看成一个银行账户。当领导者言出必行时，就等于往自己的账户里存钱；反之，如果他言而无信，或者他说的和做的有出入时，那么他就在支取账户里的钱。如果支取次数太多，结果就是在透支所有的信任。这时，即使是再有魅力的领导者也无力回天了。

举个例子来说，我做了言语上的承诺，然后我没能兑现自己的承诺，这相当于我在我的银行账户里支取了一小笔钱。对方这时可能会说："这次菲尔忘了自己说过的话，我很失望，但是菲尔确实很忙，要想着的事情太多。"但是，如果我下次又对此人许诺，然后又没能兑现的时候，对方可能就会觉得我是故意如此了。这时我给人留下的印象就是，我这个人说的和做的不是一回事。

长此以往，我将完全失去他人对我的信任。

当然，在领导者一天繁忙的工作中，他可能做不到每句话都字斟句酌，或者兑现自己许下的每一个承诺。沟通中，我们常常会为了安抚他人，或者让谈话变得更为愉快而轻易地许下诺言，但是我们的这种殷勤最终会让我们付出代价。

卓越领导者不会空许诺言。他们会运用高效对话的技巧，使所有的各方都明白他的承诺。在行动的不同阶段，他们会检查是否在朝既定的目标前进，并最终完成使命，实现承诺。卓越领导者首先会了解他人的想法和愿望，然后让他人也了解自己的想法。这种沟通无法一蹴而就，而是需要进行后续的跟进交流。卓越领导者深知，无论是运用高效对话还是实现目标，都离不开他人对自己的信任。

我所见过的一位卓越领导者

在本章结束之际，我想描述一位我认识的领导者，说说他在工作中展现出来的杰出的沟通技能。如果我想从企业高管、政治领导者或者教练员，以及其他组织领导者中选一位杰出代表，很容易就能选出一位来。不过，在这里我想从另外一个圈子里来挑选榜样，因为我想说明的是，其实运用高效对话的卓越领导者不一定要拥有很高的职位。我在此要向大家介绍一位户外探险向导TJ。

20 年前，我和我的三个儿子报名参加了一个漂流科罗拉多河的户外旅游团，漂流行程 200 英里[①]。旅游团中有的人有泛舟经验，而有的人则和我一样，完全是新手。我们团队的 25 个成员分乘两条橡皮筏，并要在一位向导的带领下安全顺利地完成此次漂流。所以说，这位漂流向导就成了我们这条橡皮筏上唯一的领导者。

TJ 身高近 2 米，重 180 斤，他往哪一站都是风景。但是他所表现出的领导风范和他的外形并没有关系，完全是来自他所具有的领导能力。在我们出发前，他先把我们召集到一起。只见他面带微笑，在解释整个行程以及细节的时候不忘把目光一一投向我们每个人。就像公司的 CEO 在向员工解释下一个季度公司可能面临的竞争和困难一样，TJ 告诉我们漂流经过 100 处激流时可能会遇到的危险。不过，他也非常自信地告诉我们，他自己已经成功地带领了 200 多个漂流团顺利完成全程，从未失手，所以我们完全可以信任他的能力。

虽然我们是在参加付费旅游，而且是为了通过漂流寻求刺激，但是这也是一件严肃的事情，需要我们做好心理准备。TJ 在宣布规则的时候语气坚定，不容置疑。他的语气中透着权威，使我们都不得不认真听取他的教导，而且他能让我们每个人都清晰地明白他的意思。

"在漂流中试图做超过自己能力和技术水平的事情是非常危险

---

① 1 英里＝ 1.609 千米。——译者注

的，"他说道，"如果游客没穿救生衣落水，他肯定会有麻烦，如果他是在6+级别的激流中落水，那他基本上无生还可能。"

TJ让我们记住要安全就得遵守漂流规则。在这个过程中，他很直白地说出对我们的要求，但同时，他也会很认真地倾听我们对他提出的问题和要求。他事先就非常清楚地告诉我们，如果我们每个人都想安全地完成漂流，我们需要做什么，需要如何配合他；但是他也会反过来问我们需要他给予我们什么样的帮助。最关键的是，他让我们知道他此行最大的使命是什么，也让我们知道我们此行最重要的使命是什么。

我在整个过程中都在仔细观察TJ，从我们第一次会面开始，直到完成此次历时七天的旅程。我从见他第一面开始就知道，此人擅长高效对话。首先，他能用非常明了的语言表达复杂的事情，而且说话时态度很真诚。其次，在讲话过程中，他很注意和每一位在场的人都有目光交流，并确保每个人都在听他说话，并明白他说话的意思。他也会注意观察我们的肢体语言，如果他发现有谁没有认真听，就会适时地重复讲话的内容。最后，他讲话语气平实，你听不到自夸或者自吹自擂。但是他也会明白无误地告诉我们，我们可能遭遇的危险。他看起来诚实可靠、认真负责。我们所有人在一开始就能感受到这一点。

在这七天的旅途中，我们睡在户外，并享受着美国大峡谷令人难忘的美丽风光，听着向导告诉我们这个地区的历史，还有相关的故事和民俗。在旅途中，TJ会花时间关注每一个人。他不仅试着帮助我们每一个人，而且希望对我们有更多的了解。无论是经过急流险滩，还是通过平静的水面，他都会适时地给予指导。有时，他也会在精心策划之后让我们体会冒险的快乐，但是事先他总会先跟我们解释。虽然他会告诉我们可能会碰到的情况，但是有时他也会有所保留，制造一点愉快的悬念。

TJ 在指挥自己的副手方面也很有办法。他总是会适时地夸赞他的副手。如果副手犯了错，他会指出来，然后就不再计较。他从不会因为困难停滞不前。他自己在整个旅程中忙上忙下，在装船、卸船、煮饭、清洁时都能看到他忙碌的身影，所以他的副手或者我们也都会尽力而为。他鼓励我们的团队通过学习变得自立，但是我们仍然明白他是我们的头儿。他热情、快乐，无比乐观。

那么再来看看他不会去做的事情。首先，他不会隐瞒危险，他从没说过类似"放心吧，船肯定不会翻""不要担心，放心地玩吧"的话。他说的是："如果我们操作不当，船就可能会翻。"接下来，他就会用最清晰明了的语言告诉我们怎样才能安全地行驶，而且他让我们明白，只要我们团结一心，就没人会有麻烦。

TJ 从不会贬低谁，但是他也不会随便地夸赞谁。他会告诉我们行动的步骤，然后我们就照章办事。之后，我们就会发现我们能够应对问题，于是逐渐有了自信心。就这样，TJ 将我们凝聚成一个团队，在不知不觉中让一群之前互不相识的人团结在了一起。不过，我可以看得出来，他的确花了不少心思来和大家建立良好关系，他也很会维持这个团体的良好关系。由于他的努力，我们所有的人都能够享受身为团队一员的快乐。

最后，作为我们的陪同，TJ 的使命是让我们安全地完成漂流。他不仅完成了他的使命，而且让整个行程非常愉快、有趣。他所做到的其实还不止于此。我们都受到了他的热情和快乐的感染。他的冷静使得我们都能够有最佳表现。而且，他真的让我们对于我们脚下的土地更加珍惜和热爱。

总之，他实现这一切的基础就是因为他有目标、有策略、有办法。我知道他肯定没有听说过什么高效对话之类的技巧，而他运用的恰恰就是这个技巧，因此，他成功帮助大家互相学习，加深了彼此的关系，并推进了我们的行程。他清楚了解自己的使命，也知道自己该做什么，不该做什么。关键的是，他非常了解自己的优缺点。

旅程结束之际，我单独找他聊了聊。我告诉他我这一周都在观察他如何领导这个团队。他笑着问我都看出什么来了。

我就告诉他我对他的领导能力的肯定，而且我指出他是如何扬长避短的。听完我的评价，他回答说我说得完全正确。他其实一直都在努力提高自己这方面的能力。然后他就问我怎样才可以做得更好。

对于他的问题，我真的毫不意外。我知道他会这么问，虽然当时我们身在科罗拉多河畔。因为，我认识的卓越领导者无一不是好学好问之人，即使他们已经做得很好了，他们仍然会继续努力，争取更好的表现。

卓越领导者是不会停止追求的，他们总是期待更好。我希望通过上面的案例和对高效对话的描述，让你已经基本知道如何运用高效对话了。我也希望本书能够帮助你成为像 TJ 那样深具影响力的领导者。

02 CHAPTER

高效对话的本质就是沟通

　　大多数人沟通的时候会发生两种情况：一种是将目标和想法准确无误地传达出去，还有一种是自己以为传达了，但听者并没有领会。如果能稳步推进我们设定的议程，我们就觉得还不赖。我们也会想到从中学习的重要性，但这种时候并不多。在工作中和同事相处，我们只求不要把关系弄糟。比如，在一天繁忙的工作中，我们会试着与同事保持正常的联络，找个话题和大家一起发发牢骚或者说个笑话。通过这种短暂的交谈，我们和同事的关系也的确能够维持下去。保持联系，维持目前的关系，再就是通过和别人保持对话，获得一些自己可能不知道的消息。

　　卓越领导者则与此不同。他们把对话当成一个机会，而不是一个难题或者一项必须履行的义务。他们通过对话明确表明自己的意图，并为下一步的行动打下基础，而且卓越领导者也会通过

对话创造相互学习的机会，增进与他人的关系。在本章中，我想
详细讲述领导者是如何通过高效对话步步为营，最终达到沟通的
目的的。

如果还有人对高效对话心存疑虑，那么我先在此说明一下：
本书不是关于什么软实力的书，而是实实在在的可以实施的技
巧。诸如安飞士·巴吉集团（Avis Budget Group）、Ventura Health
System、麦克森医药公司（McKesson Corporation）、星巴克、PMI
和葛兰素史克等公司的卓越领导者都在实施高效对话，而且他们
会有意识地、认真地、系统地实施高效对话。有些组织的领导者
可能会以其他名义来实施高效对话，虽然他们不把自己的办法称
为高效对话，但是他们会在工作中使用高效对话的技巧，并运用
其背后的原理。这些领导者也深刻地意识到，沟通能力是实实在
在的、可以开花结果的硬实力。

关于保持现有关系的问题

很多公司的领导者在沟通问题上浪费了太多的时间和精力。
我说的浪费并不是说他们不该花时间，而是因沟通效果不佳所导
致的浪费。这些领导者当然也会努力去沟通，但是他们基本无法
做到有效沟通。结果不仅降低了效率、效益、生产力，而且还丧
失了本来可以通过有效沟通赢得的机会。我可能说得有点夸张，
但我认为一家公司的成败，在一定程度上就在于领导者如何运用
他们的沟通技巧。在这种情境下，高效对话就成为驱散沟通阴霾

的好办法。良好的沟通会促使公司员工更好地履行自己的职责；反之，则会导致一连串的失败和机会的丧失。

我们就拿 20 世纪 80 年代发生的高科技大战为例吧，我参与了那场高科技大战。当时我出任 Keane 公司的副总裁，Keane 公司隶属于 NTT 数据公司（NTT Data Company），是一家极具发展潜力的初创公司，如今市值已达 10 亿美元。我经常看到其中很多公司，当内部存在沟通不畅的问题时，就会遇到各种麻烦。由此我更加坚信，一家公司如果不创造协助、公开、透明的沟通环境，那么其竞争力和发展就会受到影响，这样的公司也很难积极应对瞬息万变的市场竞争。35 年前，美国 DEC 公司（Digital Equipment Corporation）在中小型计算机领域还是翘楚（当时的微软公司以及该行业的其他巨头还默默无闻）。DEC 公司之所以广为人知，不仅是因为该公司早期获得的成功，还因为其后来戏剧性的失败。当时计算机行业风云变幻，涌现了个人电脑、软件、系统集成等技术，在这种环境下，DEC 公司却故步自封，无视很多行业精英和重要客户的建议。DEC 公司当时的领头人肯·奥尔森（Ken Olsen）以及他的高层管理团队似乎过于珍视使公司大获成功的技术，而不愿意听到任何关于这个技术即将被淘汰的话，即使当时公司内外不断有人提出同样的问题，希望公司能够跟上时代的步伐，但是该公司的领导者对此一概充耳不闻。后来，人们终于意识到说什么也没有用，于是渐渐没有人再去提醒他们了。

一些不得志的精英先后离开了 DEC 公司。后来，当变革不可避免地到来时，DEC 公司最终被变革的洪流冲垮。DEC 公司没能跟上时代的步伐，并不是因为公司没有相应的资源，其实 DEC 公司拥有当时其他公司不可比拟的雄厚资金，问题还是出在沟通不当上——那么多好的建议和观点没有被公开，或者没有被重视。1998 年，DEC 公司彻底倒闭。那么再看看 Keane 公司。虽然这家公司无论从哪个标准来看都是非常成功的公司，但是现在回想起来，如果该公司当时可以创造一个畅所欲言、集思广益的交流平台，那么它发展得还会更好。我还记得当时 Keane 公司里有一个叫埃里克·比德尔（Eric Bedell）的小伙子，他有一天晚上参加了波士顿计算机协会的活动，听到了一些关于计算机发展的激动人心的消息——有一个名叫米奇·考波尔（Mitch Kapor）的人谈到未来可以把个人电脑和制表软件结合起来。今天我们听到这个想法都会习以为常，但是在当时这绝对是一个令人震撼的观点，而且，当晚考波尔还公开宣布自己要成立公司并邀请有识之士加盟。当时，埃里克向 Keane 公司提出了这个主意。遗憾的是，这家公司虽然对这个主意很感兴趣，也很民主，但是对于当时这样一个激进的想法还是持保守态度。我当时听了埃里克的想法之后就力劝他不要贸然进入这个市场，但埃里克本人对于这个市场的前景充满信心。于是，他离开了 Keane 公司，加盟了那家新兴的公司——莲花软件公司（Lotus Development Corporation）。当我后来再次遇见埃里克时，他刚从肯尼迪机场出来并坐上了自己的豪华轿车，而我则瑟缩在雨里等出租车。

因此，所有的公司都会犯错，但是优秀的公司会不断地致力于提高沟通效果，弥补沟通空缺，至少不能一错再错。在类似

DEC 这样的公司落马之后，惠普公司一跃成为电脑硬件制造商中的领头企业，该公司就是奉行的协作沟通的原则。惠普公司的领导层历来鼓励员工集思广益，发掘最好的商机，这和微软公司为了促进交流所奉行的"与比尔·盖茨邮件对话"的策略如出一辙。思科（Cisco）公司也同样鼓励员工畅所欲言，汇报所见所闻。卓越领导者总是会尽力保持组织内部沟通畅通，因为他们深知自己不可能知道所有的事情。而且，人不可貌相，可能公司里一个极不起眼的人会想出一个绝妙的主意，所以领导者必须意识到每一次对话都意味着机会。因此，领导者要做到有备无患，只有这样才能抓住每一次对话的机会。EMC 公司的总裁迈克·鲁特格斯总是随身带着一个小本子。在本子上，他会记下别人说过的重要内容，以及他自己对别人许过的承诺。这样做主要是因为他不想遗漏掉任何一个听来的好点子，也不想忘了自己答应过别人的事情。其实鲁特格斯一开始并不擅长沟通，但是他一直在努力提高自己的沟通技巧。可以说，他一直都在尽力学习和运用高效对话。今天，他已经成了一名言出必行、极富成效的卓越领导者。如果高效对话不能帮助鲁特格斯实现自己的目标，那他也不会一直钟情于这个沟通技巧了。正是因为实践证明了高效对话的效果，鲁特格斯才会一直在工作中运用它。

如果一位领导者善于发起对话和掌控对话，那么他就很容易出类拔萃。通过对话，我们交流重要的商业信息，探讨棘手的问题，论证某个想法的可行性，并制订行动方案；通过对话，我们发起讨论，并最终达成共识。高效对话的最终目的是取得成果，这和那种与生俱来的沟通技巧有着本质的区别。

高效对话的三个阶段

所有希望运用高效对话的领导者都应该先了解高效对话的各个阶段。随着高效对话的深入，领导者和与会者也将建立更为紧密的联系。

高效对话基本上包括以下三个阶段。

第一阶段，在高效对话开始之际，对话发起人应该宣布会议的议程安排，而且要让与会人员看到议程安排的必要性和合理性。在此，我用"议程"这个词来表达希望达到的目的，也就是那些需要通过合作、支持和大家共同努力才能实现的目标。如果在这个阶段就创造出一种真诚交流的气氛，那么与会人员肯定会更加重视会议议程，而且在这样的气氛下讨论议程也更能赢得众人的支持。

第二阶段，在高效对话过程中，注定会遇到棘手的问题，这时，大家就需要讨论问题。在这个阶段，细心的领导者会努力去了解他人的需求和想法，并判断个人的目标和愿望是否和集体的目标一致。第二阶段的会议也可能会让领导者挖掘出潜在的任务，并增加到原定的议程中。这个过程需要注意联系实际，这样才能进一步推进目标。

第三阶段，在高效对话结束之际，卓越领导者要确定与会者都明白无误地理解了议程，并且基本知道如何实现目标。高效对话结束阶段也是领导者直接询问他人对于议程是否有疑问的阶段。只有每个人都对议程和目标明白无误，才能促使目标最终得以实现。

我们可以通过下面三个结果来检验高效对话的三个阶段是否有效：

- 推进了议程；
- 加强了相互了解，促进了学习；
- 加强了联系。

我把以上三点当作衡量高效对话的标准。它们就像一把标尺，可以用来衡量高效对话的实施情况。如果运用得好，那么会议之后大家联系应该更加紧密，而这既会对下一次的会面起到积极的作用，也会促使下次的沟通更加顺畅。

沟通的障碍

实施高效对话时最好不要随意跳过以上提到的任何环节；否则，可能会欲速则不达，而且企图省时省力的对话通常达不到理想的效果。

在高效对话的开始阶段就要让大家都看到领导者的诚意，其实这是很难做到的。这倒不是因为领导者不善此道，而是因为他们都非常专注自信，而且对于自己的想法也很乐观，所以他们很少会在他人面前表达恐惧、担忧。

大多数人认为，作为一位领导者应该自信，有自尊、有威信，做下属的表率，所以领导者常常不愿意流露出自己的脆弱或表现得情绪化。其实，领导者若能自然流露自己的担心、脆弱，可能更容易赢得支持和帮助，这也能使领导者更好地开启高效对话，并进行下一步的任务。

星巴克公司前 CEO 霍华德·舒尔茨在 1997 年接受 Linkage 全球领导力研究中心的采访时说：

> 我认为每一位领导者都应该诚实。上周在接受美国国家公共电台（NPR）的采访时有人问我："当今的领导者最重要的素质是什么？"我回答道："我的回答可能会让你大失所望，大吃一惊。"我的回答就是适当地流露出自己的脆弱。

要实施高效对话，我们就需要敞开心扉，让他人知道我们的想法和需求，包括承认我们的弱点，或者按照舒尔茨说的承认自己的脆弱。有时候，领导者会过于重视议程和目标，这样一来，反而会觉得高效对话很难实施。

其实舒尔茨所言极是。领导者适当地流露出脆弱会让他人更容易坦露心声。在这次采访中，舒尔茨还说道：

> 其实，我们并非对每个问题都有答案，而且我们也会犯错……所以我们无须隐藏自己的脆弱、缺点和不自信。我想，

今天人们都希望看到一个真实的领导者。领导者也是一个活生生的人，也不可能一步登天，他们需要一步一步地开展工作，有时可能只是获得了一个小进展，但是这也同样令人高兴。但是我周围的那些更年轻的 CEO 所展现的领导风格却很不一样。

当我们谈到情感的问题时，对有些领导者而言，最令他们尴尬的莫过于坦露他们的忧虑和弱点了，更不要说让人知道他们也同样需要帮助。其实，当我们真情流露时，我们往往更容易赢得他人的支持。我想起五年前的一天，我当时真的是心灰意冷，但是那天我却学到了对我的人生来说很重要的一课。让我幡然醒悟的是一位极擅长运用高效对话的女士。

虽然这个故事会让我自己显得很失败，但我还是想把它写出来，因为我要赞美这位睿智的女士，她当时所展现出来的智慧远非我所能及。我接下来要说的故事绝不是要引起读者的同情，也不是无病呻吟，而是希望大家看到，有时候流露出自己的脆弱会帮助我们赢得他人的同情和支持。

事情发生在波士顿，那是一个本该春光明媚的日子，是复活节的第一天。当时我刚收到一个可怕的消息：我的妻子安妮特被确诊患有严重的白血病。医生称这是一种造血组织的恶性疾病，而且安妮特的病还是急性的，也就是说她的病情会很快恶化。医生还说，这种病只有 20% 的希望能够在几年的治疗之后得到控制和缓解。但是，这意味着我们的生活从此要发生根本的改变，对于这种改变，我们夫妻俩都没有任何思想准备。整个治疗的过程会极其痛苦，而且还没有治愈的把握。这个消息马上就对我们的生活产生了影响：我们不得不取消了度假计划，尽管这是我们在一起五年来的第一次度假。

当时我完全沉浸在痛苦之中，并陷入了一种悲观、失望、痛苦的状态。我真的找不到一个词可以形容自己当时的状态，总之，我陷入了疯狂的痛苦之中。之后，我开车载着妻子回家，一路上，我尽量故作轻松，不让妻子看出自己绝望的心情。然后我们到家了，进了客厅，我还跟安妮特说我们要战胜这次困难，我也相信我们可以做到，因为妻子本就是异常坚强的人。

我所做的一切听起来肯定没错吧。但是，我所做的不过是在继续说一些不起作用的鼓劲儿的话，我根本没有去碰触真正的问题：我们的感受，我们需要做的事情，还有我们该如何面对这个困境。不过，妻子耐心地听我说完那些话。

当我坐下来时，妻子抓住我的手，然后说了一番令我终生难忘的话。她说："我真的需要和你说说，我要告诉你我此时的感受，我也需要知道你的感受。我知道你很担心，我需要告诉你我所希望的，以及我需要的。因为我们现在要说的很多，而时间却那么紧，所以请暂时抛开你的乐观，直接告诉我你的感受好吗？"当她那样握着我的手，看着我的眼睛，我意识到，我说的那些所谓的乐观的话没有一点意义，那些话也根本掩饰不了我内心真实的感受，无法消除任何忧虑，更不要说改变事实了。听她那么一说，我当时就崩溃了。但是，我们后来终于重拾理智，进行了有效的对话：我们互相倾诉自己的感受。她说自己怕的并不是死亡或者疼痛，只要周围的人安然无恙就好。

我们谈了一下治疗计划，我们都承诺要共同面对即将面临的残酷的治疗。在妻子后来接受治疗的几年里，我们又有过一次类似这样的对话，虽然当时我们并不把它叫作高效对话，但是我当时已经深刻地意识到这种对话的重要性。我和妻子正是通过一次次的对话了解了对方的心情、感受和愿望。这次经历使我们都得到了精神上的升华，也增进了相互之间的了解，我们的感情也随着她治疗的深入变得更加深厚了。

我在职场所学到的关于高效对话的知识在这样的危机面前显得有些微不足道，但是，我的经历也告诉我，真诚对话不仅有助于夫妻之间的沟通，更是其他任何沟通的基础。因此，当我在日后的工作中，或是在生活中遇到困难时，我都会想起这次经历，并告诉自己，对话是建立感情和增进感情的必由之路。

其实，在工作中我也常常会犯同样的错误，无视问题的存在，还顾左右而言他。当我遇到问题，我最直接的反应是先说一通乐观的话安抚人心，并掩饰自己内心的恐惧。但是现在我就不会这样做了。遇到问题时，我首先会说出自己的担忧，并且做到直面问题的核心。虽然我有时仍会绕着问题徘徊，不愿意直接面对挑战，但妻子生病的经历的确让我学会了很多。我不敢说自己在以后的工作生活中都能做到完美无缺，但我仍然会继续学习。后来在培训领导者的时候我也发现，直面困难这个环节对多数人来说都是很难做到的。因此，我聊以自慰地对自己说，既然这么多领导者都会犯同样的错误，可能也说明回避问题是人之常情吧。

沟通壁垒和暗礁

我们在企业里很难真诚待人。在职场中，大家可以随处感觉到人与人之间的防御心理、半信半疑、潜台词，以及种种"沟通壁垒"〔这是我在哈佛大学读书时，听我的老师克里斯·阿吉里斯（Chris Argyris）所描述的〕。当然，我必须承认，在职场中掏心掏肺并不见得就会换来对方的真诚。但无论是在职场还是在生活中，对话时有一点很重要，那就是我们在谈事情或者讲事实时的语气和我们当时所处的情感状态。

工作中最困难的莫过于开诚布公地谈论工作和公司里的事情了。如果你是一个项目经理，你要向公司 CEO 汇报工作；或者你是 CEO，你要和公司的销售总监谈话，这种对话都是很困难的。在谈话时，我们脑子里常会有相互冲突的想法：谈到令人不快的事实时我们常常不可避免地要掺水稀释问题的严重性；在谈及困难的任务时也倾向于加入鼓励但不切实际的乐观言辞。

克里斯·阿吉里斯在他 1990 年出版的《克服组织防卫》（*Overcoming Organizational Defenses*）一书中这样描述道：

> 在面临尴尬或者困难的局面时，人最直接的反应就是尽

可能地回避问题。如果要让回避问题的策略奏效，那也只有隐瞒实情不报。所以，人们处理棘手问题的基本办法就是回避和隐瞒。

因为回避和隐瞒并非个别现象，所以这种处理问题的办法非常常见。既然这么多人都理所当然地这么对付棘手的问题，那么这自然而然地成了企业的行为。而且，这种回避和隐瞒的行为在企业里也被认为是正常、有理、既成事实的。

上述问题不仅存在于个人交往之间，也存在于企业中。阿吉里斯提到彼得·布洛克（Peter Block）对于这个问题有很深的理解，并进一步梳理了组织防卫行为的逻辑以及四个基本前提。

- 故意把话说得模棱两可；
- 认为说不清是因为信息还不够清楚明了；
- 把本就模棱两可和不够清楚的问题说成好像是无法探讨的问题；
- 避而不谈那些无法说清的问题。

以上现象可能发生在个人之间，也可能发生在企业组织里。无论是大事小事，我们都可以看到上述现象。组织中存在的"沟通壁垒"导致了 1986 年美国"挑战者"号航天飞机的失事和 DEC 公司的惨败。但是，即使在一个父亲和孩子谈论作业或者考试分数时，同样可以看到这种沟通壁垒；或者在公司的业绩评估会议上也可能会发生都不愿意"触礁"的这一幕。不过，我们必须认识到，不愿直面问题会使人错失解决问题和互相了解学习的机会。

说到"沟通暗礁",我不禁想起曾参加过的一个高管会议,会议发生在一家在全世界拥有 80 家分公司的大公司里。

会议前我和这个由七人组成的高层管理团队中的两位交谈过。他们都告诉我公司现在的销售补偿政策对于产品销售有负面影响,应该调整。他们也坦率地告诉我,因为公司给予销售人员这种特殊的奖励待遇给公司的发展带来了不利影响。当他们跟我进行一对一的谈话时,他们都义正词严,一致表示这个问题在解决之后才能实现公司制定的目标。

而这家公司的总裁却非常钟情于公司目前实施的这个销售激励政策。对于这一点,所有的与会者也心知肚明。总裁是这个政策的制定者,而且一直在做这方面的管理工作。

本来,这次会议的目的就是要看看是否可以解决公司销售方面的问题,但是后来开会时,原来的议题完全变了调。在会上,大家谈到的问题有收回失去的市场领地、聘用更多的销售代表、开展市场营销和进行直邮销售活动等,但是没有一个人提关于那个销售激励政策的问题。

在这次会议结束之际,与会者对会上探讨的问题进行了总结,并投票决定了接下来的三个工作重点。会议结束后,大家都评价说此次会议颇有成效,并互相鼓励(我仍记得他们把手随意地插在裤兜里,轻松地谈笑着)。大家都沉浸在轻松愉快的气氛中,交谈时还不忘随意提及下一次开会的问题和计划。我当时不禁想,这些人内心在想什么呢?难道他们真的觉得这次会议非常成功吗？他们事先制定的会议目标达到了吗？

事后，我给那两个私下同我交流过想法的经理分别打了电话，询问他们对于此次会议的真实看法，他们的态度仍然是肯定的。于是我不得不提到之前他们跟我谈到的关于销售激励政策的问题。他们两个人都觉得这个问题虽然没有得到讨论，但是这也没什么大不了。其中一人说道："我后来想还是等等再说，我之前也提过，后来发现时机还不成熟。"

我还是不罢休，想知道他心里真正的想法。于是他说道："难道你想让我说，改革销售奖励计划是提高销量的唯一途径吗？"在谈到他对这次会议的看法时，他依旧说："我的确认为我们的会议很成功，因为也许我们可以通过会上提出的其他方案来达到同样的目的啊！"

他前后截然不同的态度让我感到惊讶，于是我锲而不舍地追问下去。我们又说了些其他的话题，比如日常工作，最后又绕回到了会议这个话题。这时，他说了实话。他告诉我，其实他也觉得这次会议没有取得任何实质性的进展。不过大家似乎都觉得没关系，反正还有时间。

如果说这次会议有什么作用的话，那就是大家都保持了良好的关系，而且总裁也得到了安抚。但是这次会议的确没有取得进展，甚至也没能增进与会者之间的关系。没人觉得参加这次会议发现了什么新问题或者学到了什么新东西，也没人认为这次会议促使了什么重大事情的发生。说到底，这种会议就像是联络感情的工具，而不是为了达到某个工作目的而进行的会议。

现实和想法之间的差距会涉及组织心理学家们所研究的对象——心智模式（mental models）。心智模式是人们对世界的观念、信仰、价值观和个人的臆想交织而形成的。理解自己的心智模式很重要，因为由此我们可以理解我们的目标、情感，而且我们的心智模式也会影响到我们说出来的话。

刚才提到的与会者对于会议的评价体现了他们的心智模式与实际情况之间的差距。他们的心智模式是：这个会议应该好好说说关于销售激励政策的事情，但是会议所涉及的话题最终与此没有关系。在这种情况下，如果通过实施高效对话的要求和步骤，会议组织者就可以挖掘出与会者内心真正想探讨却很难启齿的问题。高效对话可以帮助组织者揭开那些人们希望谈却很难开口的话题。如果人们有了直抒胸臆的勇气，那么整个会议肯定会更加富有成果。

打开沟通的大门

如果那些隐藏的问题得不到解决，结果会怎样呢？我们来看看下面这个故事。

几年前，我受雇于一位华尔街的资产咨询师，他要我帮助查明公司出现人员流失问题的原因。在我着手开始工作时，该公司有三名优秀分析师正打算辞职去竞争对手的公司。我的任务是和这三名即将离职的人员谈话，了解他们离开公司的原因。要从中找到真正的原委，是很困难的。

公司一位打算离职的资深分析师在华尔街做出了骄人业绩。我们之间的谈话一开始非常枯燥。我问他是怎么看待重要员工离职的问题的。当他说话的时候，我静静地礼貌地听着，一言不发。他的回答一开始无非是那种惯常的抱怨，说些公司高层不称职之类的话。

后来，当他停下来时，我就开始刨根问底了。我问他关于离职的感受、对他的影响和他自己的想法和需求，在遇到问题之后，向其他人寻求过什么帮助，以及如果继续留在公司的话，他需要从公司得到什么承诺。

听完我的话，他先瞪了我一眼，没说话，然后站了起来，走到门口，把门关上，然后回来又坐下。

"你真的想知道我的感受吗？"他问。他也知道我不用回答他的这个问题，我点点头。从这时开始，我们的谈话才真正步入正轨。他不仅告诉了我他真实的感受，而且也说出了他认为公司应该做的事情。他终于开始说心里话了。

当我回想此事，我觉得他那个关门的动作很关键，就好像只有关上一扇门，才能开启另一扇门。那位分析师能够打开心扉的原因是他基本不用再顾虑公司对他的看法。有时候，关上一扇门的同时有助于开启另一扇沟通的门，并开启一次真诚的对话。

但是，我想，促使那位分析师起身去关门的，应该是我所问的问题。我非常真诚地想知道他对公司的看法。他看出了我的诚意，所以决定一吐为快。但是，既然要说心里话，就应该在一个隐秘的地方说，所以他起身关上了门。由此可见，那家公司确实存在沟通不畅的问题。如果那家公司能够制造一种自由交流的气氛，让大家不用关门就能畅所欲言，那么这家公司的情况肯定会好很多。而且，如果该公司能够保持与员工之间的有效沟通，这三位高级分析师大概也就不会想着离职了，也就不需要我这样的人来帮助公司处理沟通不畅的问题了。

倾听的重要性

一位真正的领导者应该展示对他人真诚的关怀和了解真相的诚意，这样他就一定能让对方敞开心扉说出自己的真实需求和感受。要做到这一点，领导者首先应该善于倾听。一名卓越领导者能够在对方的倾诉中听出自己需要了解的重要内容以及对方的真实想法。

要做到善于倾听，下面四点非常重要：

1. 让对方看出自己的诚意；
2. 从说话中分辨出对方真实的想法和需求；
3. 不仅要了解对方的情感，也要了解对方想要传达的信息；
4. 掌控谈话进展，合理安排询问、鼓励和判断的时间。

倾听是一种很重要的能力。谈话的时候，要让人看出你在专心听，因为只有这样，对方才会信任你。关键是你不仅要认真听，而且要让对方看出来并感受到，这样对方才会觉得确实应该说实话。认真倾听是实施高效对话的前提和关键。

很多政界领导者都深谙倾听的艺术。他们在和别人讲话的时候能够让人感到一种发自内心的真诚和关怀，所以讲话的人也会受到这种真诚的感染。约翰·F.肯尼迪（John F. Kennedy）就是这样一位深谙倾听艺术的政治家。在接受小阿瑟·施莱辛格（Arthur Schlesinger, Jr.）的采访时，以赛亚·柏林（Isaiah Berlin）是这样描述肯尼迪的：

> 首先，肯尼迪听人说话极其专注。这一点给我留下了深刻的印象。我真的没有看到过像肯尼迪那样认真倾听别人所说的每一句话的人。他的眼睛看上去有些突出，而身子会倾向说话的人，说话的人会因为感受到肯尼迪毫无折扣的关注而紧张，所以也会非常认真地对待与他的谈话。如果轮到肯尼迪说话，那么他的话听起来总是那么亲切，他也不会试图把自己早已想好的东西施加给别人。即使真的有什么话是他早就想好要说的，他也会结合别人已经说过的话，先进行很好的铺垫。所以，肯尼迪总是认真听别人说话，然后针对别人说的话有的放矢地应答。

善于倾听的人也能做到听话听音。比如，通过对方的讲话，听话的人可以分辨出对方真正想说的是什么，以及对方真正想要的是什么。当然，在交流过程中，我们也不能忽视非语言行为所传达的信息，比如肢体语言。其实肢体语言所传达的信息也许更真实。如果一个人只是注意讲话者的语言而不注意其肢体语言，那么他可能会忽视讲话者内心真正的感受。卓越领导者则可以观察到所有的细节，准确地捕捉讲话者的情感，所以可以做到听话听音。

还有一个倾听的技巧就是掌控讲话的节奏，即询问、鼓励、评价各自所占的比例和时间都要有一个很好的安排。如果是问问题，那么要注意不要去质问别人，也不要先入为主地去问问题，只有这样才能挖掘出真实的信息。同时，要注意表达自己对讲话者的支持和同情。最后，在讲话结束的时候，我们要就听到的内容做出一个准确的判断。在这一点上，约翰·F.肯尼迪也是一个好榜样。以赛亚·柏林是这样说的：

> 我觉得肯尼迪身上散发出一种睿智的气息。他非常明理，从不说没用的废话。他也不会接受别人闪烁其词的话。即使有时讲话者是出于义务，必须要和他进行交谈而说些无关紧要的话，肯尼迪也不能接受。
>
> 如果他听出我们在跟他讲话时缺乏诚意，他会很快地打断我们，并询问我们到底要说什么。总之，他一定要听到别人真实的想法。

总之，肯尼迪之所以能成为一个极善于倾听的人，正是因为他善于判断和主导谈话的方向。他并不只是注意听别人讲话，表达自己的关心，或者只是分辨讲话者的信息，最重要的是他像其他那些卓越领导者一样，非常在意别人讲话的内容，并善于了解真实的情况。肯尼迪知道想要从别人那里了解真相，就要和他建立亲密的关系。

权利金字塔图

大多数人都无法做到像肯尼迪那样优秀，因为肯尼迪似乎具有一种与生俱来的沟通能力。如果我们缺乏这种天生的能力，但是又希望提高自己的沟通技巧，那么我们就要从认真倾听开始，发掘真实信息，然后与对方达成共识，最后制定行动方案。图 2-1 中所罗列的四个步骤将会对你很有帮助。

这是一个分成四个步骤的计划图，按照这些步骤可以实现先前谈到的高效对话的三个阶段：表达真实的想法（第一阶段）；了解彼此的需要和感受以便制定议程（第二阶段）；达成共识以便采取行动（第三阶段）。按照这个图所示，我们可以很好地运用高效对话。如果你能够在与人交谈的时候严格执行这四个步骤，按部就班地从第一步开始实施至最后一步，那么你一定可以很好地开展高效对话。事实上，如果你可以按照这个金字塔所指出的步骤行动的话，结果会很成功。最终的结果应该是能够推进议程、增进了解、加强联系，这也是高效对话最终可以达到的效果。

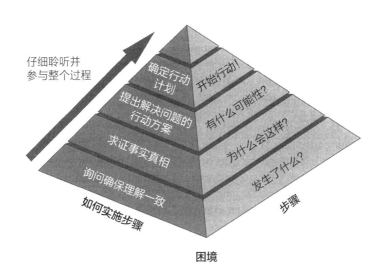

图 2-1　权力金字塔图

　　很多卓越领导者都会自如地运用这四个步骤并取得了良好的效果。有时，领导者在谈话时会有意识地与对方一起运用这几个步骤以便成功地实施高效对话。在美国卡夫食品公司，这个权力金字塔图被挂在办公室和会议室的墙上，这样开会时就能合理地推进议程，并取得理想的效果。其他公司可以效仿卡夫食品公司把这个权力金字塔图挂在墙上，从而让大家都能受益。这种好的方法完全可以跟大家分享，而不应该仅仅被当成个人的沟通秘籍。

　　下面我们具体来看看权力金字塔图中的各个步骤。

第一步：发生了什么？

在第一步中，卓越领导者会跟对方沟通感情，让对方看到自己的诚意，这样，对方也会乐于敞开心扉，吐露自己的真实想法。当然，在这个时刻，领导者不能忘了自己的议程和需求，在了解对方的各种情况的同时，也应该让对方知道自己的情况。卓越领导者不仅重视推进自己制定的议程，也愿意帮助对方推进议程；在自己的需求和想法得到满足的同时，卓越领导者也乐于配合他人实现他们的想法和愿望。

我们需要了解争论与引导之间的差别。那些善于运用语言魅力的人都知道如何来引导他人敞开心扉，吐露心事。费尔南多·弗洛尔斯（Fernando Flores）等研究者认为，人们说话时应该目的明确，因为我们的行为和语言息息相关。1999 年发表在《快公司》（Fast Company）杂志上的一篇文章描述了弗洛尔斯和一群高管的一次讨论。在讨论中，大家谈到为了有效沟通要改变自己的讲话方式。文中谈到弗洛尔斯说信任和坦诚需要建立在真实之上。他希望先通过一种唐突，甚至是冲突的方式来找寻真实，因此，诚实看起来更像有意而为的敌意。比如，他教导参加讨论的人员在对话中先说出否定的观点，这使得那些参加讨论的高管非常生气，最后都沮丧万分。这之后，一种全新的、轻松坦诚的气氛取代了先前火药味十足的气氛。弗洛尔斯的这种方法可能在短期内会奏效，在当时那种封闭的讨论场景下也可以实现，但是这种"火药味"十足的方法肯定不能长期使用，也无法激发真正的诚实和信任。

我认为更有效、持久的联系是通过引导而不是争论获得的。这也解释了为什么领导者有时候学会示弱反而能够拉近和别人的距离，而通过强迫的方式来使别人服从并非上策。所以，一位卓越领导者可能会这样开始对话："我需要跟各位谈谈现在的情况，因为我担心我们可能无法实现既定的目标。"而一位强势的领导者则可能会说："今天我要跟各位谈谈我所看到的问题，希望大家能够改正目前的错误行为。"

第二步：为什么会这样？

这一步的重点是要挖掘出问题背后隐藏的原因。

在这种对话中，人们会很快从已知的事实谈到各自的推测和看法。在克里斯·阿吉里斯的作品的基础上，彼得·圣吉把学习和发现称为适应性阶段，因为这种学习就是要按照一种既定的方式来做同一件事情，而且很少需要调整。领导者需要做更多，比如要问问题，分析大家的讨论，从逻辑上分析大家讲话的真实性，这就需要有人进行严谨的思考。如果大家在这个环节能够有很好的情感交流，谈话双方就可以畅所欲言，那么接下来就可以共同分析问题背后的原因。圣吉把这个阶段称为产出性阶段，他认为，要进一步探讨问题首先就要理解问题，需要大家创意性地看待问题。可是，如果大家不能坦诚地谈那些难以开口的问题，那么也很难将讨论上升到产出性阶段。

让我们回顾一下前面举的那个关于七个高层领导一起开会探

讨如何扩大销售额、实现企业增长目标的例子。如果当时讨论的
气氛不是那种在企业中常见的防卫氛围，那么总裁可能会这样说：

> 我想我们可能需要共同来审视这个销售体系的基本问题，
> 因为这个体系看起来对公司扩大销售，达到增长的目标不利。
> 我希望大家能够把心里的想法和顾虑都说出来，并毫不客气
> 地、诚实地发问。我希望大家明白，我个人会抛开自己过去
> 所有的成见和想法，而且我也会非常仔细地聆听各位的高见。
> 我的责任就是在会议开始时把这个想法和愿望告诉大家，我
> 希望我们的会议能够达到预期的目的。我们之前的几次讨论
> 似乎沟通不畅，大家没能把心里的想法说出来，我想这对公
> 司是非常不利的。

如果总裁在会议开始的时候能够以这样诚恳的态度开场，那
么会议的结果肯定会截然不同，因为大家从一开始就会很愿意把
自己内心的想法说出来。

第三步：有什么可能性？

在权力金字塔图中，这一步常常会被忽略。因为当与会者发
掘出问题的实质，并了解了各位的真实想法之后，大家往往急于
想跳过寻找"可能性"这个阶段，直接谈接下来的行动方案。不
过，我们应该在制订行动方案前先停下来，多花点时间想想各种
可能的方案，集思广益，鼓励大家想出具有创意的解决问题的办
法。我想重复的一点就是：请不要跳过发掘"可能性"的阶段。

卓越领导者总是能够激发人们的想象力，鼓励他们从各个不同的角度看问题，希望能够找到突破传统的解决问题的方式。当谈话进行到最佳状态，大家能够在各自发言的基础上顺藤摸瓜，想出更多更好的新点子。这就是为什么说"三个臭皮匠，顶一个诸葛亮"，正所谓众人拾柴火焰高。当大家在一种友好、互相支持的气氛中交谈，各自又能畅所欲言时，与会者往往能在相互讨论的过程中碰撞出非常有创意的想法。那些亲身经历过这种讨论的人一定知道这种气氛的重要性。

第四步：开始行动！

权力金字塔图的最后一步是确定共同认可的行动方案。这个环节最重要的一点是要确保方案的明确性和清晰性。我经常看到有的会议在前面几个阶段都做得非常好，会议的气氛也异常热烈，但是到了最后却忘了确认所有人对最后的行动方案是否都了解无误。有时候，我们觉得自己明白了一件事，但事实上却不明白。等到方案开始实施的时候，我们才发现自己以为的和实际情况相去甚远。这个问题的出现完全可以在实施第四步时避免。

卓越领导者应该清晰地阐明行动方案，而且也要事先说明方案成功后各方会获得的嘉奖。这一点很重要，这会激发众人积极参与的意愿。

值得注意的是，会议主持者切忌人为地推动会议议程从一个阶段进行到下一个阶段。会议议程的推进应该建立在上一个阶段已经圆满完成的基础上。我前面也提醒过，在实施这个金字塔方案的过程中，每一个阶段都很重要，不要跳过其中任何一个阶段。但是，有经验的领导者常常会在金字塔方案完成之后，再从最后一步往前回顾先前已经完成的步骤。比如，可能我们现在处在"有什么可能性"这一步，然而我们在探讨时发现还需要了解更多的实际情况，于是，会议又暂时回到"为什么会这样"，也就是第二步。有时候，我们的会议已经进行到了权力金字塔图的最后阶段，即制订行动方案的阶段，但是，可能此时主持人发现大家好像还根本没有进入状态。发生这种情况主要是因为很多深层次的问题还没有完全发掘出来，大家还没有完全敞开心扉，所以沟通基本上只是停留在表面。所以此时我们可能需要重新回到第二步，甚至第一步，了解清楚到底出现了什么问题。这种迂回推进会议的过程往往是不可避免的，同时也是颇为重要的。

案例分析：关于权力金字塔图的运用

罗恩·史蒂文斯（Ron Stevens）是一家知名电子公司的首席运营官兼总经理。他受命解决公司一个棘手的遗留问题：公司某区域副总裁所管理的西海岸的工厂面临很严重的问题，首先产品质量下滑，而且工厂事故频发，库存不断攀升而导致的压力使得本来就面临经费困难的工厂陷入了更大的困境。

亨利·米德尔顿（Henry Middleton）是该区域的副总裁。他在处理上述问题时似乎力不从心，每个人都知道亨利必须要处理工厂面临的问题。亨利就想快刀斩乱麻,他找到的一个切入点就是马上换厂长。其实亨利并不愿意那么做,而罗恩也觉得如果这个时候自己同意亨利开除厂长,也是极不合时宜的。在罗恩看来,他首先应该尊重亨利,因为亨利才是主管这个区域事务的人。虽然亨利处理问题不得力,但是罗恩也不愿意因此把自己和亨利的关系弄僵。现在的问题是,罗恩很清楚公司总裁已经对这件事情完全失去了耐心,希望罗恩能够尽快扭转工厂的局面,不过,作为区域副总裁的亨利对此还不知情。

我认为上面这个案例很适合我们运用高效对话的方法来解决问题。我们会看到,有时候问题就像蝴蝶效应一样,会因为一个问题的解决而逐渐解决其他所有的问题。我首先建议罗恩运用高效对话和亨利进行一次谈话。然后,我又教亨利如何运用高效对话的方法去和厂长进行谈话。最后,我又指导亨利在事后与罗恩进行一次回顾性对话。最后的结果是,这个问题得到了解决,他们一起制定了正确的决策,并成功地帮助厂长纠正了自己在工作中的失误。在问题得到解决之后,这家工厂的生产又抓上去了,公司总裁也终于松了一口气。在此我就以其中的一场对话为例来进一步说明如何运用高效对话。

罗恩在和亨利谈话时,完全遵照了权力金字塔图所列出的步骤。其实罗恩和亨利之间先前有些过节,所以在谈话时,罗恩的首要任务是让他们的谈话放到正题上。他后来非常详尽地描述了这次对话的过程。

罗恩先给亨利打电话，让他来总部会面。他们两个人都知道工厂出了问题，而且这也是罗恩找亨利谈话的原因。但是，当他们见了面，罗恩并没有急于把这个原因和盘托出。因为，罗恩已经感觉到如果这个时候就直截了当地进入正题，亨利肯定会急于为自己辩护。于是一开始他们就随意地聊了聊，然后才进入正题。

罗恩：亨利，我最近看了西雅图那家工厂交上来的报告，报告的内容让我感到不解和沮丧。我不明白那家工厂怎么会出现那些问题，但是，上面又要求我尽快处理这个事情。总之，我目前要着手解决的就是这个事情。我之所以叫你来，也是为了尽快解决这个问题。不过，我首先非常想知道你所了解的情况，以及你个人的看法。

亨利对于这次对话显然有不同的预期，他以为罗恩会以非常严厉的态度开始这次谈话。现在，他发现罗恩是在以探讨的方式来和他谈问题。

亨利：我其实也感到非常难过。而且我真的一时也找不出解决问题的办法。刚听你的口气，好像上面很不满意吧。上面是怎么说的？

这时，罗恩暗示了公司总裁的意思，但是罗恩并没有在这个环节上过多停留，而是很快就把话题一转，问亨利是怎么看待这个问题的。他希望亨利说说厂长的情况，因为现在关于厂长要被撤职的谣言已经满天飞了。

亨利：说实话，我真的觉得很为难。捷德在这个厂里干了很多年，可谓劳苦功高。虽然现在厂里出现了这样那样的问题，但是我觉得是情有可原的。我非常赞赏他这些年来为工厂所做出的成绩，而且我觉得如果因为厂里出了问题就把他撤职实在是……其实有很多问题也不是捷德一个人能决定的。当我试图和他一起解决厂里的一些问题时，我就知道事情的确没那么简单。

罗恩听了亨利的这番话有点吃惊。倒不是说他不同意亨利对问题的看法，而是觉得亨利的这番心里话听起来也合情合理。

罗恩：亨利，我们两人的看法其实很一致。我也非常看重员工对公司的忠诚度。现在我想知道一些工厂的具体情况，我们一起来看看下一步应该怎么做才好。

在接下来的半个小时里，亨利和罗恩各自谈了工厂接下来可能会面临的问题，以及他们各自的看法。然后，他们将成本上升、库存上升的问题归结于五个原因。在交谈中，他们又发现了一个很重要的问题，就是这个地区的销售预测总是比实际需求高。

谈话至此，他们觉得已经可以回答"发生了什么"这一问题了。

罗恩：现在我们基本找到问题的原因了，那我们可以采取什么解决方案呢？我们得想出点办法来改变目前的状况。你怎么看？

亨利现在的态度已经非常配合了，谈话到现在，他看到他们在很多问题上的看法其实是一致的。

亨利：你知道我肯定是想过这些问题的。现在我们找到了问题的关键就让我更有把握了。我觉得我们可能要成立一个专门的小组，因为这好像不仅仅是运营方面的问题，其实销售和营销部门都有问题。我觉得我们现在要做的就是要很好地预测市场，并计划工厂到底要生产多少产品才合适。当然，我们目前的这种情况肯定是要改变的。你觉得我们怎样才能实现这个目标呢？

现在他们其实是在谈论"还有什么可能性"这一步骤，也就是可能解决问题的方案。这时，罗恩先谈了一些他个人的经验，并抓住这个机会教导亨利如何能够把问题处理好。罗恩先说了说以前碰到类似问题的解决方法，而且还和亨利一起分析了各个方法的可行性。

接下来，他们就着手制订解决方案了，也就是权力金字塔图的最后一个阶段。此时，罗恩没有忘记再次跟亨利确认他们目前的使命。

罗恩：怎么样？你还需要我做点什么吗？
亨利：我想，我需要有人帮我调动销售部门的人，让他们也担起责任来。你觉得呢？

于是他们又接着讨论了这个问题。然后，罗恩开始决定他们的行动目标。

　　罗恩：我们已经说了很多，都非常好。现在我们把我们的目标再重述一遍，以便我们可以共同履行它。

　　亨利：好的。

于是亨利把自己觉得属于自己的任务都列在纸上，并让罗恩过目。罗恩也一样，互相确认各自的任务无误，并制订了行动方案。

谈话即将结束，罗恩再次确认这次谈话是否达到了预期的目的。他们两人又各自重申了自己的责任。

　　罗恩：今天的谈话让我了解了很多以前不知道的情况。当总裁再问起这个问题时，我就知道如何作答了。我觉得我现在完全知道自己应该怎么做了。你呢？觉得现在是不是可以开始解决工厂的问题了呢？

　　亨利：我现在感觉好多了。听到你对这个问题的看法对我帮助很大。我现在明白我应该怎么做了。我可能还会有问题，不过，如果遇到问题是可以给你打电话进一步沟通的，对吗？

　　罗恩：没问题。如果你一早给我来邮件的话，我保证当天下班前给你回复，怎么样？

　　亨利：那就太好了。

谈话结束，他们握手告别。

现在谈话结束，罗恩看着墙上挂的权力金字塔图，回想着刚才说过的内容。

首先，他以一种真诚的态度开始了他们的谈话。虽然他的话不多，但是句句发自内心。所以，开场白没有问题。然后，他花了些时间了解亨利的看法，这样做的目的是卸下亨利的防卫之心。之前，就是因为这个问题，他和亨利之间的谈话有些不愉快。一旦亨利放下防卫心理，罗恩就进入正题，探讨工厂出现问题的原因。他和亨利非常认真地分析了各种可能的原因。其实，通过谈话，罗恩也了解了亨利很多好的想法，他们互相鼓励，就很多问题达成了共识。

一旦问题确认了，他们就开始分析问题的原因还有解决方案。作为上司，罗恩煞费苦心地教亨利如何处理问题，然后，他们最终就如何解决问题达成了一致。

谈话快结束时，罗恩没有忘记确认他们的责任，并确保亨利得到了所需的支持。对话之后，罗恩觉得他和亨利之间的关系更融洽了，他们之间建立了一种真正的交流，而且这肯定会为下一次的合作交流打下良好的基础。

衡量高效对话的效果

后来，罗恩又和我一起分析了这次对话的效果。要看罗恩是否成功地运用了高效对话的方法，我们可以通过下面三个标尺来衡量。

"你肯定自己是在运用高效对话吗？"我问。我跟他开玩笑，因为看起来他仍然沉浸在成功的喜悦中。

"是的。""何以见得呢？""这个嘛，和生活中其他重要的事情一样，不可说啊，一说就错。"我们俩都大笑起来。

"你得证明一下，"我说，"还记得我们说过的，高效对话如果运用得当，可以推进议程、相互了解和学习、加强联系。你觉得你做到这三点了吗？"

罗恩正经起来。他说："我觉得这次谈话之后，亨利回去就会着手处理工厂的问题，这是其一。其二，我自己通过谈话了解了很多重要的信息，而且对于销售的问题和议程也有了新的想法。我也意识到，要很好地解决工厂的问题，我们可能必须和各个相关部门联手才行。毕竟我们是国际公司，我们要很好地协作才能应对竞争。""关于第三点呢？"

"你知道，我和亨利的关系起起落落，时好时坏。通常，如果出现问题，亨利的防卫心就会很强。我呢，就会不高兴。如果亨利继续反驳我，我就不想再多说，而我的耐心也很快就没有了。最后，我就只有下命令了。"

"这次呢？""在这次谈话之后，我对亨利的看法好了很多。

从亨利身上我看到了很多可贵的优点，比如他很有创意，这一点别的区域管理者就做不到。亨利反应也很快，我挺佩服他这点的。我也很喜欢他做事快这一点。""那你觉得他会怎么看你们的关系呢？""应该也很好吧，不过不确定啊。"于是，我就说罗恩应该给亨利写封邮件，和亨利交流一下下一步的行动。而且，信中罗恩应该直接告诉亨利他对这次谈话的感受，这样他们之间的关系一定会得到进一步改善。

每当人们运用了高效对话，他们的感受都会非常好。其实，这种积极的情绪也是衡量高效对话的一个标尺。如果谈话取得进展，人们自然会感到高兴。双方通过谈话加深了了解，还可以推动工作的进程。如果谈话双方感到对话达到了预期的目标，并能让目标实现的话，那么双方都会充满信心。

但是，如果高效对话没有得到实施，其负面效果也是很明显的。如果谈话双方都不能开诚布公，那双方的感受肯定好不了。各自的能量得不到释放，谈话时越说越累，最后双方都觉得精疲力竭。如果一家企业不善于运用高效对话，那么其员工士气肯定不高，而且大家都人浮于事。没人真正管事，事情总是一成不变。在第4章中，我们会继续探讨沟通失败的种种不良影响。

现在，希望读者记住的是高效对话可能带来的积极影响。所有这些影响最终都将有助于人际关系的改善。高效对话也可以有效地帮助企业驱散防卫的心理，形成集思广益的好风气。其实，如果一家企业能够让员工觉得自己是一个和谐、融洽的集体中的一员，并且在共同为企业的目标而努力，那么对于员工来说就是最开心的事了。

最后，希望我们忘掉沟通不畅带来的沮丧和疲倦，记住高效对话带来的活力。这是一种能够助力我们成功的活力。

找到最适合你的高效对话类型

卓越领导者非常注意使用高效对话的方式。因为经验告诉他们，虽然高效对话非常有效，但同时也需要技巧，且非常费时。所以，在不同的场合，领导者应该以不同的方式来运用高效对话达到不同的目的。本章将会谈到高效对话的不同类型。不过，一开始，我们要先来了解一下卓越领导者在运用高效对话前都掌握了哪些相关的重要知识、技巧，还有能力。

卓越领导者的能力

沃伦·本尼斯是《成为领导者》（*On Becoming a Leader*）一书的作者，同时还是南加州大学领导力研究院的创建者，也是我非常要好的朋友。本尼斯与我们一起主持每年的全球领导力研讨会，以及一些关于卓越领导力的能力和特点的研究。我认为本尼斯在理解和研究领导力方面的能力是无人能及的。

我和本尼斯这几年一直都在紧密合作。我们发现，虽然那些卓越领导者的性格特点各不相同，但是他们身上体现出了很多共性。在研究领导力的过程中，我们试图分析、理解这种共性，以便更多的人可以学习卓越领导者成功的秘密。我们通过研究建立了一个卓越领导力的模型——领导力测评工具（Leadership Assessment Instrument，LAI）。本书的附录部分就介绍了这个领导力自评表格。我建议大家仔细地了解一下这个测评表是如何测评领导力的。在自测之后，你应该对自己的领导力有一个基本的了解，这对于你进一步提高自己的领导力是极为重要的。

我们发现以下五个能力对于领导者来说很重要：（1）专注力与内驱力；（2）情商；（3）信任影响力；（4）概念性思维；（5）系统思维。如果要成为卓越领导者，那么你需要具备以上五项能力。其实上述每一个能力中还包含着其他的能力，比如，第一种能力要求领导者聚焦目标的同时也要保持足够的内驱力，如果缺乏内驱力也不会有好的结果；反之，即便内驱力十足，没有聚焦的目标，也将一事无成。所以，身为领导者就要学会如何很好地去平衡各方面的能力，只有这样，领导者才能有所作为。

许多领导者都会通过 LAI 来测评自己的领导能力。这个表格中包含了领导者需要拥有的基本能力，所以也较为科学。有意思的是，不同的领导者测评的结果各不相同，这跟我们的经验也是相符的。毕竟，不同领导者的差异性也很大。有的人安静、内向，有的人大胆、外向，而且魅力十足；有的人用行动来引领下属，有的人则能够畅想未来。另外，还有一个有意思的发现，如果不同级别的领导者一起自评，那些真正堪称卓越的领导者给自己的评分往往偏低。这让我们看到了优秀的领导者实际上都是非常谦逊的，而且他们也更能看清自己的弱点。其实，这也体现了卓越领导者的另一个共性：他们都希望自己不断进步，而且总是希望自己能够超越自我，做得更好。

高效对话的不同类型

基本上，领导者会通过专注力与内驱力来实施战略；运用情商来与人沟通交流并稳定局势；运用他人对自己的信任来赢得尊敬与信赖；通过概念性思维能力把自己的想法变成现实；运用自己的系统思维能力来掌控全局。大家也可以在此基础上进行更细致地划分，或者用不同的名称来表示不同的阶段，不过，以上所述基本上已经概括了卓越领导者的能力。

所以，我们据此可以把高效对话分成五大类：**实施战略的对话；稳定局势的对话；建立信任的对话；实现想法的对话；掌控全局的对话。**以上每类对话都对应了我们刚刚谈到的领导者需要具备的五个基本能力。身为领导者，需要很好地运用以上所有的对话类型，并通过不同类型的对话来实现不同的目的。

卓越领导者会根据自己的优势选择不同类型的对话模式。卓越领导者一定要学会扬长避短，并把自己的优势体现在不同的对话类型中。下面我们来具体学习各个类型的对话模式。

实施战略的对话

试想你要去参加一个高中同学聚会，此时你会有什么感觉？

我这个人特别喜欢问别人问题，因为通过问问题可以看到不同的反应。我们大多数人对于参加高中聚会的第一反应就是焦虑和担心。为什么？一是因为可能不知道别人会怎么看待现在的自己，二是不知道聚会上谁才是那个在毕业后功成名就的人。我们可能会发现，最终功成名就的那个人肯定不是在读高中时被大家看好的或者是大家公认最有潜力的，鲜有例外。那些在生活中最终获得成功的往往是那些专注力与内驱力并重的人。

首先，专注力与内驱力并重意味着我们要在专注力与内驱力之间找到平衡。专注力就是要排除干扰。一个专注的人肯定会先去处理那些需要第一时间处理的事情，而且会完全把精力集中在某件事情上。内驱力则是把事情一鼓作气完成的动力。一个全力以赴的人会敢于冒险，而不是只求安稳，而且这种人有强大的能力和持久的忍耐力。卓越领导者不仅可以做到专注并全力以赴，还可以激发身边的人也做到专注和全力以赴。运用实施战略的高效对话是帮助领导者达到这一目的的有效手段。

通过与人沟通达到激励他人的目的其实是一个很复杂的过程。

首先，要让他人专注，就要把既定的目标描述得简单、明了。其次，一家企业每天都有很多事情需要处理，那么首先要做的就是从中挑选出需要立即解决的问题。接下来，领导者要决定实现目标的步骤，并且要让其他人明白自己制定的步骤。如果要让他人全情投入，领导者必须能够让他看到某件事情的紧急性、必要性，以及自己做这件事情的决心。当然，领导者也要展现自己处理事情的能力。总之，就是要能够激励他人认同并实现这个目标。为了能够实现战略，领导者还要学会在谈话中加入热情、旺盛的精力和坚定的决心。除了要清晰明了地表达自己的意思，还要许诺成功后的奖励。

卓越领导者更像一个开路先锋。在局势混乱之际，他能够挺身而出疏通复杂的关系、找到问题的症结，并指出前进的方向，激励他人跟随自己。领导者的这种能力在危急时刻非常容易被观察到。

不过，对于大多数企业来说，更多的是日复一日、年复一年的事务性工作。此时，卓越领导者要做的是认清努力的方向，为企业描绘愿景，并确保企业每天的工作都在进一步地实施企业的战略。关于卓越领导者在危急时刻直面困难、激励民众的例子比比皆是。

莲花软件公司的高级副总裁朱恩·洛克夫（June Rokoff）受命负责一项主要产品的发布工作。她了解到公司当前的情况很不妙。首先，研发部的人对于公司制定的"无法完成"的截止日期非常愤怒，士气可谓一落千丈。虽然面临的局面困难重重，朱恩却出色地运用了专注力与内驱力来激发自己的团队，在规定时间内完成了这项"无法完成"的使命，成为业界佳话。那么她是如何做到的呢？

朱恩在受命接管这项工作，并了解了当时的情况之后，她做的第一件事就是把所有的相关人员召集到一起，进行了一次坦诚的对话。开会之初，大家的抱怨情绪很浓。在开场致辞中，朱恩首先表达了自己的担心，让自己与大家站在同一条战线上。于是，大家纷纷向她汇报各种重要的信息和情况。但是，毕竟公司制定的目标还是得完成，所以，接下来，他们又共同思考了应对办法和方案。

我们在前面谈过，一个人集中精力、全力以赴不难，难的是要让大家都感到事情的紧迫性和重要性，尤其是要让那些不战自败的下属明白这个道理。朱恩绝非无能之辈，她可以运用自己出色的沟通技巧赢得大家的支持。同样重要的是，她通过分析让大家看到其实这个任务并非真的无法完成。继而，她向大家做出承诺，她会为大家实现这个目标创造一切条件，排除一切困难。她将帮助团队绕过所有的那些所谓的"不可能"，以及组织中存在的官僚主义作风，以便最快地实现目标。

朱恩深知如果要做成这件事，不仅需要公司内部的支持，而且需要外部的支持。她居然能想到去寻求员工家属的支持。朱恩亲自给员工家属写信，告诉他们公司目前面临的情况，以及他们及时完成工作的重要性，并事先感谢他们的支持和理解。她也在信中强调，这种情况绝不会持续，而且她许诺事后公司必将奖励参与这个任务的员工。

在随后的工作中，朱恩与她的团队几乎每天都在进行高效对话，内容涉及需求、责任和目标。对话的对象不仅包括公司的员工，还有客户、供应商、股东，甚至是员工家属。这个例子让我们看到了高效对话可以帮助领导者实现战略。

与之形成鲜明对比的是那些我不久前刚结识的公司领导。有一家大公司正面临激烈的竞争，公司也处于非常时期。该公司总裁此时的任务是提高产品质量和生产力。这位总裁把公司的高管召集起来开了个会，主要是为了宣布他的决定。他说："为了增加公司的市场份额，我们必须在下两个季度提高 10% 的生产量，并将目前的产品召回率减半。我对在座的各位充满信心，相信你们一定可以做到。"

从表面上来看，这位领导者的意思非常明了，也在鼓励大家，但是他既没有做到鼓励大家聚焦目标，也没能鼓舞士气。首先，他没有谈到实现这个目标所面临的困难和当前的局势，也没有表达自己的担心，所以大家也都不会向他袒露自己的想法和需求，而且这个计划是总裁一手制订的，大家不过是口头答应而已，总裁也没有制订具体的行动方案。在讲话时，总裁没有提及完成目标的困难，但却表达了自己盲目的信心和乐观，这使得众人更加对他离心离德。试想，如果该总裁开会时先谈自己真实的感受，并分析目前的实际情况，然后跟大家共同探讨一个目标会有什么效果，那他就有可能赢得下属的全力支持。

卓越领导者非常善于使用实施战略的高效对话。这类对话要求领导者分析形势、激励员工，在对话的开始就让大家明了会议的目的和目标，而且要让大家知道为了实现目标，各自要承担的工作，并了解完成工作所需要的帮助。另外，领导者要强调完成目标的重要性，以便通过这种方式来实现企业目标。

稳定局势的对话

近 20 年的很多研究都说明了情商在人们生活和工作中的作用。丹尼尔·戈尔曼（Daniel Goleman）等人对情商以及人与人之间的交往都做了较为深入的研究。生活经验让我们意识到，那些成功的人可能并不是那些智商很高或者受过良好教育的人。当然，高智商和高学历都是有助于人们获得成功的因素，但不是保证一个人获得成功的绝对因素。我们必须意识到情商在成功中所占据的地位。情商往往决定着我们与人相处、应对各种问题的能力。

情商是对人们的知觉和情感成熟度的一种平衡。**知觉**是指我们能否察觉他人的感受，了解他人不同的性格特点，以及他人的心理和情感需求。**情感成熟度**是指人们控制和调整自己的情感的能力。总之，拥有高情商的卓越领导者能够表现出真诚、同情、谦逊、乐观和果断的特点。在与他人的沟通中，他们能够运用自己的情商来稳定局势。尤其是在气氛紧张的时候，卓越领导者不仅能够舒缓气氛，而且能让人看到希望。

卓越领导者在利用情商缓解紧张局势时，主要是通过观察他人，并了解他人的真实感受来实现的。虽然领导者本身也会感到紧张和害怕，但是他们能够先让自己平静下来，并最终让他人看到解决问题的希望。高情商的领导者之所以在遇到大多数人都无法承受的困境时可以做到从容不迫，主要是因为他们不仅知道如何疏导自己的情绪，而且也会理智地分析问题。同时，他们善于在危机中将压力变成动力。

高情商的领导者是极其乐观的人，而且注重实效。虽然并不是所有的卓越领导者都能化危机为前进的动力，但至少他们能做到妥善地处理遇到的问题。即使是在困境中，他们也能找到解决问题、化险为夷的希望。我们大多数人可能会在困难面前望而却步，但是卓越领导者却只是把困难当成闯关游戏。

卓越领导者相信困境终将过去，懂得去安抚他人的情绪。如果领导者不能平复他人的恐惧和担忧，那么他也很难带领大家走出困境。很多领导者因为自己乐天达观的性格，常常会忽视下属的担心。领导者要想稳定情绪和局势，先要学会体察别人的情绪。只有在了解了他人的真实感受之后，才可能平复他们的情绪。

领导者常常挂在嘴边的一句话就是"不要担心"，但是人们不会因为你告诉他不要担心，就不再担心。其实担心并非一无是处，担心的人也常常能先发制人，找到问题的症结所在，并想办法解决问题。如果领导者能够很好地利用下属的担心，那么问题往往可以得到更好的解决。另外，乐观是指在困境中仍然能够看到问题好的一面，并且把自己的乐观情绪传递给他人，帮助他人克服担心的情绪，并给予他人解决问题的信心。

20世纪80年代初，Keane公司正面临着业绩下滑的困境。公司领导约翰·基恩（John Keane）召集经理们开会，探讨问题出现的原因。结果，大家一致认为是市场环境的改变导致了公司目前的困境，因为这个问题并非公司可以控制，所以会后大家似乎更沮丧了。公司市场部希望扩大市场的努力如同逆水行舟，因为当时美国经济也处于低迷状态。当时经济学家的预测是情况并不会好转。另外，经理们也知道公司内部的管理并无过错，所以，目前Keane公司面临的问题看似毫无解决的希望。

面对这样棘手的问题，基恩表现出了一个高情商领导者所该具备的能力和素质。普通领导者可能会大发雷霆，也可能会束手无策。但是，基恩不是这样的。他首先承认目前公司所面临的困境，然后针对当时的大环境提出了一个解决方案。基恩把公司面临的困境比喻成一次没有风助力的帆船比赛。他说，其实，这种情况会影响每一条参赛的帆船。在这种情况下，所有的帆船都只能停下来。基恩接着说，如果是最优秀的团队，那么这时他们一定会利用这段时间修整帆船，以便在起风之后继续乘风破浪。从这个角度来看，也许这是一个赢得比赛的好机会，而不是一件坏事。

基恩的这番话不仅使大家乐观了起来，而且使整个公司也振作了精神。既然现在大家认识到目前的低迷可能是一次机遇，那么大家要做的就是如何调整，使公司在时机到来时能开足马力继续前进。接下来，大家探讨的问题就集中在应该采取什么步骤，并如何实施这些步骤上。基恩的信心使得公司一蹶不振的气氛一扫而空，取而代之的是一种团结、乐观的情绪。

基恩不愧是一名卓越领导者，他所做的其实还不仅仅这些。他当时就大胆地预测类似目前这样的困境一定还会再出现，但是，大家无论面对什么局势，都不要忘了保持乐观积极的心态，因为发展的道路本来就不可能是一帆风顺的，关键是大家对此要有足够的心理预期。所有人都认为基恩这番话说得极其在理，加上他在这次危机中出色地运用高效对话的策略稳定了公司的局势和员工的情绪，以及运用自己的真知灼见来启发引领公司的管理团队。现在，大家都带着崭新的态度来面对困境，并对未来充满了信心。

后来的实际情况果然如基恩所料，几年后，美国的经济形势好转，Keane 公司在低迷时期养精蓄锐，当时机到来时便顺势走出低迷，成为行业中表现亮眼的公司。虽然后来美国的经济形势起起伏伏，但是 Keane 公司都能够从容应对，并成为 1990 年美国表现最佳的上市公司之一。

建立信任的对话

Linkage 公司 1997 年召开了全球领导力研讨会，与会者都是来自各行各业的精英［包括摩托罗拉的执行委员会主席鲍勃·加文（Bob Galvin）、李维斯公司（Levi Strauss）的董事长鲍勃·哈斯（Bob Haas）和全球领先的办公家具及服务的供应商Herman Miller退休名誉主席马克斯·得普利等］，大家聚在一起探讨最基本的管理原理。他们一致认为，随着时间的流逝、时代的变迁，大家对这个问题的界定也不会一成不变，但是在座的人认为管理也有恒久不变的真理：信任一直都是管理的关键因素。加文认为公司中最宝贵的财富就是信任。得普利说："信任的建立需要人们付出努力和勇气，虽然信任需要经过很长时间的交往才能建立，但是失去它却很容易。"

在高效对话中，信任是指目标和授权的平衡。其中，目标是指大家的目标要和公司的目标和价值观保持一致。授权是指领导者要信任下属，让下属承担各自的责任，并参与到公司的发展和决策中来。卓越领导者善于为大家描述光明的蓝图。虽然他们为企业制定了高远的目标，但是，他们也会设身处地为下属着想，从实际出发为下属解决问题，使大家能够愉快、顺利地开展工作。

要引导他人，就要学会激发员工的忠诚，赢得他们的信任，只有这样才能共同完成目标。在这方面，体坛教练就做得非常出色，比如比尔·比利奇克（Bill Belichick）已成为高效对话的积极推广者。还有比尔·巴塞尔（Bill Parcells），他曾担任过北美橄榄球联赛（NFL）中多支球队的主教练。当巴塞尔出任这几支球队的教练时，这些球队都正处于低谷。但是在巴塞尔的带领下，每支球队最终都有不俗的表现，很快就杀入了美国橄榄球超级杯大赛。巴塞尔因此成为美国家喻户晓的能一夜制造神话的英雄人物。不过，我们仔细观察一下就会发现，这个世界上其实并没有所谓的一夜神话。事实上，巴塞尔每次决定执教某支球队时，他的助手团队也会随他一同入驻该队。明尼苏达维京人队教练丹尼斯·格林（Dennis Green）曾说："没人真正知道他们关着门在那儿干什么，但是外人所看到的就是巴塞尔在一个队待上几年，然后就离开。如果他回到某支球队继续任教，那么他身边的这些人就会随他一起回来。这应该能说明点什么吧。对，那就是尊重，这体现了一种工作环境的重要性。"由此我们可以看出，比尔·巴塞尔的成功取决于他所赢得的信任。他使他的副手们对他忠心耿耿，并且认同他对于橄榄球训练的看法（巴塞尔认为球员要作风顽强，而且基本功要好），即要想赢得超级杯比赛，作风必须强悍。巴塞尔从不空许承诺，他不仅能使自己成功，也会让周围的人从中获得名利。巴塞尔懂得如何授权。比如，与巴塞尔长期合作的比利奇克是主管防守的教练，巴塞尔就放手让比利奇克去策划防守方面的训练和策略，前提是他的策略能够配合巴塞尔的整体比赛战略。比利奇克后来成为圈内知名的以防守能力著称的教练，他本人也有几次机会可以出任主教练，但是，他和巴塞尔的其他副手们一样，选择了让巴塞尔成为主教练，并和他继续合作。

接下来，我们谈谈建立信任的对话需要注意的三个因素：（1）说话清楚，言出必行；（2）能够让别人感受到你真诚的关心；（3）在交流自己的看法和信念时不去批评或评判别人的观点。总之，领导者需要在每日的沟通中有意或者无意地做出各种承诺。如果领导者说话不清楚，那听者就有可能误解误读。有时，领导者一句无心的承诺，也会影响下属的忠诚。如果许下承诺，哪怕是不小心许下的，也应该履行，这样才会显得领导者说话有分量。还记得前面提到的迈克·鲁特格斯吗？他为了防止忘记自己许下的承诺，会随身携带一个小本子，记下自己说过的重要的话。他这样做无疑会让人觉得他说话的态度是极其严肃认真的。

建立信任还要求领导者学会关心别人。身为领导者要经常了解不同人的满意因素（satisfier），即什么东西会使人开心高兴。卓越领导者对于身边的人都会细心地观察了解，比如他熟悉他们的家人，还知道他们很看重的事情。我觉得如果你要表示自己对别人的关心，最佳的办法莫过于承认这个人对于企业和他人的影响力和重要性。

最后，非常重要的一点是领导者虽然非常执着于自己的信仰和目标，但是他也同样尊重他人的信念和价值观，不会对别人的看法指指点点。卓越领导者意识到在一个多元化的社会，每个人都会有自己的观点、习俗、信仰，只要是合理的，这些多样化都应该得到应有的尊重。在当今社会，灵活性是所有卓越领导者信奉的圭臬。在社会日益多元化的今天，要做到包容各人的差异性并非易事，不过，领导者会把这当成一个学习的机会，一个拉近关系的机会。

下面的故事是关于一位卓越领导者是如何通过高效对话来建立信任的。

在 Linkage 公司成立早期，公司人员不多，不过大家都卖力地工作；公司资金也不多，但是大家都很有干劲。当时，我们为公司制订了一系列雄心勃勃的计划，但我们还是请了顾问来指导我们以确保公司的成长。我们从顾问那里学到了很多的东西，可以说比我们期待的更多。

迈克·戴维斯（Mike Davis）是我们请来的顾问，他堪称人力咨询领域的传奇人物。在他的帮助下，华信惠悦（Watson Wyatt）于2010年和韬睿咨询（Towers Perrin）合并成为韬睿惠悦（Towers Watson）公司，实现了从一家小公司向世界级咨询公司的跨越。现在该公司的员工已经达到4500人，年利润可达7亿美元。1988年，迈克在哈佛大学从事研究工作时也是Linkage公司和我个人的顾问。我相信迈克具有帮助刚创业的公司的经验，这对我们一定也会有帮助。事实证明，Linkage公司创办早期从迈克那里收获了宝贵的自信和希望。他通过高效对话，让我们这些初出茅庐的创业者感觉自己的创意是最棒的，而且也让我们相信靠自己的力量可以让理想成为现实。迈克总是毫无保留地赞扬我们的创业观点。对于我们面临的挑战，他总是认真聆听，哪怕是最小的问题，他也会不厌其烦地听我们述说。他让我们感觉到，我们目前所做的一切都是对的。

后来，我们发现迈克原来患有癌症，我们都惊呆了，因为他自己从未提起过。而且，迈克也不愿意别人去触碰这个话题。他自己对待这个疾病的态度仿佛是一件很快就会随风而散的小事。记得那是一个周五，他的健康状况好像恶化了，他和我谈了一次话，至今仍令我记忆犹新。我们当时谈及我自己的顾虑，如何才能使得 Linkage 公司成为一个真正成功的公司呢？我记得迈克对我说："别担心，菲尔，你在这个行业是处于领先地位的。Linkage公司目前还处在创业初期，但比我公司的初期阶段要好多了。你们肯定能行，而且，你看看你们现在一个个工作得多开心啊！"就这样，他帮助我克服了自己内心的恐惧，让我对公司的发展也变得乐观起来。

那个周末过后，我又给迈克去了电话，发现他的病情似乎更糟了。在接下来的周二，他去世了。我当时呆坐在那里哭了起来，想想这个善良的老人，居然在去世前还在帮助我们。几百人参加了他的葬礼，都是他之前帮助过的员工、同行、客户，甚至是竞争对手。在那天的葬礼上，不断有人上台讲述迈克给他们带来的启发和给予过的帮助。迈克帮助过那么多人，如果我都记录下来的话，可以写满两本书。

迈克·戴维斯就是一位卓越领导者，他能够通过对话帮助别人找到自信，并且能赢得他人对自己的信任。很多领导者也希望能够做到同样的事情，但不是每个人都能成功。现在我们看到通往成功的方法之一，就是通过高效对话来建立信任。

实现想法的对话

依我看，加里·哈梅尔（Gary Hamel）堪称当今战略和创新领域的重量级思想家。他的一个观点就是在当今这个变化的时代，公司一定要想办法激发每一个员工的创新热情。这不仅关乎当下的竞争或生存，还和未来的生存有关。如果他的话是对的（至少我个人认为是对的），那么身为领导者，一个重要的任务就是要学会挖掘员工的创新意识。卓越领导者常常依靠概念性思维和高效对话来推动企业实现其目的。

概念性思维方式是指在创新和全盘考虑之间寻找平衡。创新常常就是找到针对问题更好的解决方案，验证某个看法，或是改变某个现状，或是找到增加利润实现企业增长的办法。全盘考虑是指通过思考来总结导致问题和事件发生的根本原因。能够全盘考虑问题的领导者可以在掌握了纷繁复杂的信息之后，进行分析和整理，最终找到问题的关键以及解决问题的良机。具备这种能力的领导者能够分辨事实，抓住真正重要的信息。

当今社会，集思广益才是正道，出谋划策绝不只是领导者的特权。而且，各行各业都更加重视客户的需求，满足客户的需求是所有战略创新的动力。有时候，对于很多好的观点可能领导层都毫不知情，反而是与客户直接打交道的一线员工更有发言权。所以，公司应该重视各个级别的员工，虚心听取各个岗位上的员工的意见和建议。

只有当公司气氛开明、员工之间互相信任、尊敬时，才有可能让公司所有的人都积极地献计献策。我们不妨再来看看 DEC 公司的例子。该公司曾经也是业界的重量级公司，可惜好景不长，最后被兼并。其他公司也都存在着各种各样的失误。施乐公司不敌苹果公司，是因为史蒂夫·乔布斯走出自己的办公室，向市场展示了他所倡导的界面友好的操作系统；通用汽车公司深陷企业内部关于生产线问题的争端，把卡车业务拱手让给了福特汽车公司；书籍经销商 Barnes & Noble 只看到自己的实体书店所占的市场份额，而没有看到亚马逊通过网络打开的广阔市场；泛美航空公司以及其他主要的美国航空公司因为忽视了客户的需求，不思进取，最终都输给了 People's Express 航空公司，不过西南航空公司后来吸取经验教训，目前经营状况已重回正轨。

卓越领导者善于在公司内部制造一种民主的氛围，大家都可以质疑某个观点，每个员工都有权发表自己的观点。在这样的企业里，大家可以学到很多东西，因为每一次的交流都是一次宝贵的学习机会。尖锐的问题，更好的解决方案，没有常见的组织防卫和个人的虚荣心在作祟，大家可以畅所欲言。信息或者报告在这样的企业中可以非常快速地传递，新的观点或者看法是创新型组织最宝贵的财富。高效对话可以鼓励交流、互相学习，了解各自的观点，是一种获取信息的重要方式。发现一个好主意尤其令人兴奋和期待，就像在铲土的时候突然发现了金子一样。

如果一位领导者想制订一个最佳的方案，那么他一定要学会集思广益，鼓励所有的员工都开动脑筋，并积极参与公司的各项工作。卓越领导者也应该具备感染他人的能力，要能够很好地表达自己的观点和设想，让下属跳出个人狭隘的视角来思考问题。约翰·肯尼迪向世人描述的人类登月计划，是那么令人兴奋和期待，即使当时世界还处在冷战当中，美国国内也并不太平，但是肯尼迪能够看到人类登月的可能性和重要性。这就是一个很好的例子，它让我们看到领导者应该高瞻远瞩，一方面要基于现实，但同时也要能展望未来。

面对每天的工作，卓越领导者善于用简单易懂的比喻来描绘自己设计的蓝图，并可以让下属看到自己制订的各种计划的必要性。这一点对于领导者其实很重要，尤其是当企业要实施一项重大的改革计划时，如果领导不能让下属看到这项计划的必要性，那么在执行的时候就会遇到阻力。而且，很多领导一旦制订了计划，就不愿意再做修改，这也是很不利的。其实，领导者需要秉持灵活的态度，如果一项计划在征求意见的阶段就听到许多不同的声音，那么领导者就应该相应地对计划做出调整。当然，即使根据大家的意见对计划做出了调整，在真正执行的时候也并不意味着就不会遇到问题。对于要实施计划的领导者来说，如果不能事先做好心理准备应对未来可能遇到的困难，那么当困难来临时，他就很容易措手不及。

总之，卓越领导者善于通过思考来实现自己的想法。他所施行的是一种不分职务级别的交流，这样可以加快信息在企业组织内的传递，使企业更快地进步。

掌控全局的对话

掌控全局就是要把重点放在完成工作上。卓越领导者会通过自己设计的公司体系来确保工作流程的合理性，使得各项工作得以完成。

系统思维就是要在工作的流程和清醒的头脑之间取得一个平衡。流程就是各种步骤，它使得一个新的工作计划能够在企业已经建立的工作流程基础上得以完成。那些非常善于安排工作流程的人能够在一项工作布置下来之后，很快理清具体实施的程序。他们也很善于安排合适的人员来担任不同的工作。清醒的头脑使领导者在遇到困难时保持冷静，并在面对各种繁杂的信息和模糊不清的情况时找到前进的方向。

高效对话中运用的系统思维负责检查工作开展过程中的各项基本情况，在此过程中领导者要公开、公正地分析评估当前的情况、设定的目标和预期的目标。大家可能认为这样的对话应该是公司运行过程中常见的对话，是正常工作中的一部分，但是我认为真正能达到这种效果的对话是非常罕见的。大部分情况是领导者一旦制订了计划，就会急于启动这个计划，召集大家开会不过是要传达"接下来，让我们撸起袖子开始干吧"的意思。

这里，我要给大家举一家钢铁企业的例子。这是一家历史悠久的家族企业，20多年前，该公司面临着降低生产成本和增加零部件销量的困境。公司经过初步商议后建议：（1）加大对销售人员的培训以达到增加产品销量的目的；（2）制定销售奖励机制以增加产品销量；（3）增加每个月对销售电话的统计和追踪以考核成效。实际上，这几条建议根本没有触及问题要害。后来，该公司通过实施几轮高效对话才找到问题的关键，并制定了相应的策略。

在我的促成下，公司召集了 10 位相关管理人员进行对话。在对话中，不少参与者表达了自己对于目前销售情况的担忧，这是公司领导层事先没有了解到的。而且，通过会议很难直接联系到销售人员。有的人因此建议，通过公司现有的销售团队恐怕难以提高销量，而其他的销售渠道可能更有效；还有的人认为，目前公司的销售人员薪水过高，而且被公司捧得太高。

基于上面新收集的情况，大家认为公司应该实施下面的措施：

- 销售人员应该把精力花在公司现有的少数客户身上，留出更多的时间与公司内部的现场工程师一起工作；
- 销售经理应该接受现场工程师和其他客户联系人更多的指导；
- 主管公司内部事务的领导者要加强沟通，掌握客户最新的情况和进展，以便在客户来访时能够随时呈现最新的信息。

在以上讨论的基础上，我们又通过进一步的对话取得了以下共识：

- 公司销售部在现有的人员配备和培训基础上增加相应的销售量；
- 如能通过培训提高公司现场工程师的销售技巧，那公司销售额将增长 10 倍，因为现场工程师是与客户直接接触的一线人员。
- 公司客服呼叫中心的接线员应接受销售培训，并发掘引导潜在客户。

至此，公司在了解了实际情况后，已经就需要采取的措施达成了共识。接下来就要制订具体的行动方案了。最后，领导者团队同意采取下列措施：

- 在现有的服务人员基础上，在组织内部创造潜在的营销力量；
- 建立激励制度，奖励那些促成销售的员工；
- 将通过网络及时记录、更新公司数据作为销售人员的一项任务，以保证任何人在接触客户时，公司的信息都是随时可查询并畅通无阻的。

该公司通过实施系统思维对话制定出了更为具体、有效的应对策略，这和之前开会得出的结论有很大的区别：最初的意见是对公司 30 名销售人员进行培训，而最终的决定则是直接培训公司200 名现场工程师和 70 名客服接线员。公司看到了保持销售信息更新和畅通的重要性，其客户开发团队也就建立起来了。

当时该公司制定的零部件销售目标是三年之内每年以 30% 的比例增长。结果，公司轻松实现了这个目标。三年之后，这家公司的零部件销售实现了 153% 的增长。

总之，卓越领导者善用高效对话达成目标。上述五类对话可以让大家清晰地看到领导者在沟通时是如何通过不同类型的对话达到不同的目的的。但是，生活当中的对话可能不会划分得如此清楚，这就需要我们在沟通中同时运用几种类别的对话。而高效对话的技巧不只在开会或者谈话时才会用到，有时可能是一个匆忙的会面，或是走廊里的几句闲聊，都是领导者可以运用高效对话的机会。我所观察到的卓越领导者对于很多可能在沟通中出现的问题都会事先考虑到，比如，找谁谈话、谈什么、目的是什么等。而且，无一例外，领导者都会运用不同的技巧来实现沟通的目的。

CHAPTER 04

杜绝不良对话，让沟通重回正轨

高效对话能使参与者迅速提升到一个新层次。高效对话的魅力在于，它能使人振奋，深化沟通，并且促进对话取得成果。

但我们都知道，如果两个人不能说服对方或者对话进展不顺，后果是很糟糕的。我们总是兴致勃勃地开始对话，却发现到最后毫无结果，令人勃然大怒。这样的对话既让人精疲力竭、猜忌怀疑，又令人感到挫败失望。对于这样的对话，不能简单地把过错归咎于某一个人身上。大多数情况下，每个人都有责任（失败的责任是人人都要承担的）。在本章中，我们会探讨不良对话出现的原因以及解决策略。另外，我们还会研究怎样扭转不良对话，使沟通重回正轨，并最终取得积极效果。

首先，不良对话对人和公司都会造成不良影响，而且这种破坏性往往比高效对话取得的效果更明显。从微观到宏观，从个人到周围的人，不良对话都将直接对员工的士气、企业文化和团队精神带来负面影响。如果与客户陷入了不良对话，那将会导致合作关系恶化，甚至直接业务损失。与直接业务损失相比，错失发展良机和效率降低则更严重。

在研究高效对话时，分析不良对话是一个重要的方法，它能够帮助我们了解对话是如何奏效的。我们在分析不良对话时要克服不利因素，并最终实施高效对话来解决问题。

高效对话与不良对话

不良对话会令人精疲力竭到什么程度呢？这个问题让我立刻想到缺乏活力、糟糕的情绪、浪费的时间，当然，还会错失机遇。而且，这种负面影响在事后很久仍然会令我们不快。就我个人而言，一次不愉快的谈话会令我日夜难安，因为我会反复思考，在心里不断地重复那些对话的画面，回想自己做得对的地方和不对的地方。虽然我想停止这种重复的思考，但却很难做到。

相反，高效对话总是让人精力充沛。即使是最令人头痛的对话或会议，如果它充满活力，还是能让人如沐春风。这种愉快的经历淡化了令人昏睡疲倦的感觉，带着乐观饱满的精神尽兴而归，并期待下次的见面或交谈。成功的对话会给人带来一种好像上了发条的感觉。我们相信，在此之后，事情将会顺利地进展下去，好点子会一个接一个地涌现。通过对话，人与人之间的关系也更加密切，甚至平时不是很熟的人也能成为朋友。这种积极的影响还会持续，我们制定的目标最终也会实现。

上面这些美好都不可能通过不良对话实现。不良对话既没有建设性，又令人心力交瘁，事后往往连弥补的余地都没有。如果能忘记这些不愉快的经历，那你就是幸运的。在回想这种痛苦经历时，我总是对自己说"我怎么能这么做呢？为什么我当时会说出那样的话呢"。我责怪自己没能控制自己的负面情绪，丧失了理智，丢弃了逻辑和原则。

简而言之，不良对话与高效对话是截然不同的。在此我就不给不良对话下定义了，因为你遇到它后自然就明白是怎么一回事。如果你对此有疑问，请参照前面谈过的高效对话的三个衡量标准（推进议程、相互了解和学习、加强联系），这些结果是无法通过不良对话获取的。

不良对话对议程的影响

不良对话不利于企业计划的推进，甚至还会阻碍先前取得的进展。在不良对话中，人们常偏离主题，对之前所做的承诺完全不认账。在陷入沟通"困境"（我会在后面详细讨论）之前所应允的责任也被与话者抛到脑后。

举个例子来说，我曾注意到在 Linkage 公司的一次销售会议上，人们的注意力很快从当时谈论的企业计划转移到出现的问题上，计划的主题也很快被抱怨取代。其实，这次会议原本计划在会议开始时对与会销售员在这一年的项目进展中的表现夸赞一番。当时的会议主持——几位项目经理——做了演讲，他们在演讲中以翔实的数据肯定了销售成绩，使得在场的人员都非常兴奋。

这时，有人在会议上抱怨这个项目的时间安排不合理。他提到每年把项目时间安排在感恩节和圣诞节之间很不妥当，销售团队的每个成员都有自己的牢骚，认为正是因为时间安排不当才让他们丢了大单子。此时，抱怨的闸门已经打开，参会人的牢骚不绝于耳，之前的会议议程被忘得一干二净。项目经理起初还有些怜悯之心，后来面对大家的牢骚也变得沮丧愤怒。情况看起来非常不利。

突然，不知从哪里传来了一个很小的声音。中西部销售代表虽然不在会议现场，但是也通过电话会议参加了此次会议。当会议的气氛变了味、大家牢骚满腹的时候，几乎没有人注意到她。但她的声音让大家吃了一惊。

"那么，我有个问题。"她说道。

每个人都屏气凝神地听着。

"我觉得这种讨论一点价值都没有。我在区域分公司，一切都要靠自己去打拼。我本以为大家可以集体分享一下提高业绩的好办法，而不是对已经制订的计划挑毛病。你们各位每天抬头不见低头见，能不能把注意力重新放在实现目标上？我很需要这些信息来提高业绩。"这番话让在场的所有人汗颜，他们有些惭愧地笑了笑，就又将话题拉回了正轨，继续谈论该谈的工作。以上场景让我们看到，我们常常会陷入不良对话的困境却浑然不觉。

不良对话对学习的影响

在不良对话中，各方也会有明确的观点，他们会解释，还会就一些问题据理力争。但问题是，不良对话中的人们不会分享感受，相互理解，因此也无法相互学习。这可能是因为每个人都画地为牢，或者在对话中跑题，讨论毫不相关的问题。防御式谈话常常会让人错失发掘新想法的机会。在不良对话中，防御的心理占据主导，对话者互相不能激发出新的观点。有些时候，对话者在闹情绪、批评别人、找借口，或者互相指责时，都会阻碍彼此的信息分享和相互了解。人们在不良对话中唯一学会的就是，他们知道自己再也不想进行这种对话了。

不良对话对关系的影响

不良对话不仅无法改善人际关系，而且会使关系恶化。不良对话影响人的情绪，降低信任度，破坏本来和睦的人际关系。当谈话恶化到一定程度，或者这种对话成为常态时，人际关系的恶化就变得无法弥补。在不良对话中变得怒气冲冲的人们可能永远都不会互相原谅，甚至无法忘记对方说过的恶言恶语。参加这样具有破坏性的对话之后，人们往往要花更多的时间和精力去弥补受损的关系。但破镜难圆，忘却受伤的感情是一个漫长而艰辛的过程。

在此我再举一个 Linkage 公司的例子。那是星期三下午一点钟，我要参加一个探讨公司发展的会议，几位高管和高级项目主管也会出席这个会议。但那天早上我因为接了一位客户的电话，所以到会场时迟到了，项目副经理同样因为一些事迟到了。但很凑巧，我和他是同时到的会议室，当时会议已经开始大约一小时了。

已到的参会者已经花了一个多小时讨论一个棘手的问题，但因为我们当时没在场帮忙将问题理清，所以他们有些生气。我们刚走进会议室，一位项目经理就火冒三丈，毫不客气地说："你们两位刚才都不在，我很生气。我们研究的问题需要听取你们的意见，而你们却晚了这么久。"会场的不满情绪当时一下子被点燃了，那些准时到会的人都怒不可遏。那位迟到的副经理急着为自己辩护，我也很生气。于是会议陷入了困境。

如果继续争执下去，恐怕会发生不愉快的事情，甚至会发生无法弥补的遗憾。突然，有人提议我们的会议先到此结束，虽然当时开会的人才刚刚凑齐。那个人提议我们星期六上午重新开会。在当时的情况下，推迟会议是个明智的决定。

这个例子说明事情的变化有时是非常快的。即使我们每个人都知道陷入不良对话的后果，但是当我们都开始生气或者发牢骚的时候，我们似乎很难重新变得冷静和理智。后来，当星期六重新开会时，大家都变得心平气和，我们也就摆脱了不良对话的困境。在周六的会议上，因为坦诚相待，我们成功制订了下一步的行动方案。

不良对话的根源

即使是沟通能手也可能会陷入不良对话的困境中。我们有时候会失去理智、反应迟钝、固执己见、勃然大怒、自怨自艾、责备埋怨，而这些都是不良对话的诱因。不良对话可能出于故意或无意的原因，但是，无论是出于哪种原因，我们事后都会感到懊悔自责。

无意产生的不良对话通常是由于缺乏沟通技巧或者尚未理解高效对话原则所引起的。误解、缺乏耐心、忽略他人的情绪或真实感受，都会很容易让对话陷入困境。无意产生的不良对话通常会在对话过程中终止。这种对话一般开始顺利，但会突然出现问题，于是大家忘了谈话的初衷，误解也随之出现，大家便开始为自己辩解。这时，人们往往词不达意，意思含糊不清，非语言信号与语言表达的内容自相矛盾。在无意产生的不良对话中，参与谈话者的价值观、文化观和行为方式也是引发冲突的原因。

经验丰富的沟通高手能识别这些危险信号，并采取适当的方法去缓和或扭转不利局面。不良对话虽然会让各方都不高兴，但当事人却不一定知道问题出在哪里。这时就需要调解人来帮忙，因为他们能观察对话的过程，找到症结所在。无论如何，我们是可以通过练习实践和谨慎小心来减少不良对话的发生的。

不良对话的特点包括：

- 内容不明确、表达不清楚或者说话内容会让人产生误解；

- 主旨不突出，转移话题，或希望表达的内容过多；
- 经常打断他人讲话会阻碍信息交流并引发不满；
- 对所谈话题没有兴趣，没有认真聆听；
- 无法表达自己的感受和需求，心里隐藏着不满情绪；
- 说话不直接，无法清晰地陈述事实和表达想法；
- 严厉的语音语调，与自己所说的语言信息传达的情感相悖；
- 与语意相反的非语言符号，流露出内心的负面情绪；
- 肢体语言传递出不合作的态度，比如缺乏眼神交流、转过脸去、双臂交叉等。

不良对话的后果

如果不良对话能够产生一些积极的结果，那么我们有可能接受它，但是不良对话不仅不能产生任何好的结果，反而会带来更多困扰，影响公司的人际关系和员工表现。不良对话所导致的后果通常有以下几种。

负面情绪

在不良对话中，谈话各方无法做到很好地倾听、分享感受、想法。由于缺乏理解和沟通，大家会感到不快，也会后悔参加这样的对话。由于沟通不畅、缺乏理性和准确的判断，我们做的决定可能存在问题，做出的承诺也可能不切实际。这说明对话者在沟通过程中缺乏沟通技巧、坦诚和相互信任。卓越领导者在不良对话开始的时候，很快就能发现苗头，并立刻通过了解对方的真实想法来扭转不利的局面。

判断失误

判断失误是由于对事实和各种情况错误、片面的估计而造成的。有时是行动议程制定时出了错，如议程的设定若是在不良对话中得出，那么在对话中与会者或许心存不满，在讨论中假设，或结论缺乏论证，并与事实不吻合，但在这种情况下行动议程依旧出台了。卓越领导者为了避免出现判断失误，会认真地验证假设、质疑信息的真实性，并说出自己真实的想法，如此，才更有可能妥善地解决问题。同时，很多卓越领导者都具有准确的直觉，他们要么是天生具有超强的理解能力和领悟能力，要么是对自己的弱点了如指掌。

有时候，判断失误是由于对话中无法谈及的问题造成的。因为双方对彼此都不抱什么信任，所以无法全盘托出所有的事实或想法。有时，我们对某个问题还缺乏足够的了解，那么就容易产生错误的判断。如果企业内存在信任度低的问题，员工之间就很难进行坦诚的沟通，那些敢于创新的人得不到重用，而"好好先生"则到处都是。

决策失误

决策失误比判断失误更严重，因为决策之后就是实际行动。

决策失误会导致一个存在很大问题的项目出台，而失败的决策也会给公司造成难以弥补的损失。一旦决策上出现失误，失败的后果就难以避免，哪怕是不存在信任问题的公司也难逃败局。如果是公司本来就存在信任问题，那决策失误带来的负面影响会更加持久，因为员工大多没有勇气去改变现状、提出质疑或改进意见。如果员工对领导者缺乏信心，那么公司的领导力肯定会受到影响。此时领导者若再做出错误决定，且一意孤行，那后果必将更糟。

自欺欺人的后果

有时候领导者会自欺欺人：他们自认为沟通对话收效良好，公司上下相互信任，而事实却并非如此。

我曾经去一家大型制造公司视察其取得的优秀业绩。领导者希望借机展示他的团队、证明团队的能力，并号召全公司都上行下效。只见这位领导者迫不及待地展示各种业绩，可是嘴上却说希望自己的介绍不会影响我的看法或判断。他要我观察的是这个团队如何开放、合理、快速地做出决策。

我观察了该公司负责全球销售策略的团队。这位高管希望我看到的是团队的最佳状态，但在我看来却恰恰相反，从很多语言和动作的细节都可以看出藏在事情表面背后的隐情，或是那些不愿意公开的实际情况。例行讲话赢来阵阵掌声，提问只是做做样子，大家都不提实质意见，会上的一些提案毫不费力地就得以通过。会议中的活跃分子敢于发声，如果他们的观点恰好也和领导者相同，那肯定会被听到，但是，团队中沉默、拘谨、保守的人的观点则没有被听到。整个团队迅速就销售策略达成共识。的确不出领导者所料，他的团队做出了短平快的决策。

我能明白为什么这位领导者认为这是一个充满信任的团队，我也看到整个会议期间，这里都是一派彬彬有礼的气氛：无论是会前、会中还是会后，大家都平等友好相待。没有人说不顺耳的话，每个人都赞成领导的意见。但是，这样的团队无法达成真正有深度、有力度的决策，更不能取得更为积极的成果。

彼得·森格曾说过，如果认为优秀团队就是友好配合的一群人，那就大错特错了。当然，我并不是说争执和吵嘴是优秀团队的标志，但可以肯定的是，如果一个团队在商议决策的过程中全程缺乏争议，那只能说明团队成员之间缺乏信任，关系并不融洽，成员之间缺少深层次的交流。我很担心这样的团队无法成为有效协作的样本，反而成了企业决策的反面教材。

与这位领导者沟通也不是件轻松的事。但值得欣慰的是，经过一段时间的抵触后，他终于战胜了受伤的自尊，开始面对现实。通过进一步观察，我开始怀疑无效的沟通方式就是这家公司企业文化的一部分，这也是公司内部交流的方式。虽然这位领导者是公司元老级人物，但当我指出我发现的问题时，他还是大为惊讶。他突然觉得自己就像那个没穿衣服的皇帝。他也终于明白为什么公司会连连失误，缺乏创新，因为团队从来都没有真心投入到行动中去。

不过，这位领导者值得学习的地方是他勇于承认错误，并致力于改变现状。作为一名领导者，改变沟通方式是不容易做到的，尤其是当某种沟通方式已经在企业文化中根深蒂固，则更是难上加难。但这位领导者最终却成功做到了。当他谦虚坦诚地向团队发布新消息时，这一刻对于他以及他的团队来说已经非同寻常。当一个团队做事不再流于表面，或者对错误抱敷衍了事的态度，大家都沉浸在真诚深入的对话中时，人人都会受到感染，也愿意说出各自真实的想法。一家说真话的企业就这样释放出了活力，出现一派欣欣向荣的景象，令人振奋。后来，公司第一次实现了长足的进步，真正做到了凝聚团队的活力。

这一发现意义非同小可。我们看到对话可以决定结果，虽然真相、事实、诚信都是人们不敢轻易触及的东西，他们宁愿选择绕道而行，甚至直接忽略。人们普遍有一种心理，那就是讲真理有时会带来痛苦。但根据我的经验，事实恰恰相反。虽然一团和气的对话可以避免一些麻烦，让人短期内无忧无虑，但其实会后患无穷。这样的文化阻碍了个人发挥自己真正的实力，也让企业无法取得应有的成绩。

优秀的领导者肩负着避免不良对话、引导下属取得成功的重任。

沟通困境

有时候，尽管我们竭尽全力，在沟通中小心翼翼、保持理智，但仍然收效甚微，这使我们在不良对话中进退两难。

我之前已经讲过，我将这个阶段称为沟通困境。它潜伏在权力金字塔图的下面，值得我们经常检查一下。我会在稍后对此进行说明。现在，我们来看看关于困境的几个要义。

受害心理的困境

有些人心灵受过巨大的伤害，无法从过去负面的情绪中解脱出来。无论采取何种方法、如何为对话做铺垫，他们都会不由自主地重蹈覆辙，将对话引向痛苦、失败、创伤和诋毁。他们不愿向前看，不会主动去避免错误重演，也不愿意或没做好准备改变现状。

有时，承认错误或者面对伤痛是疗伤的好方法。如果内心挣扎，那么不妨主动说出自己的情绪，交流想法，甚至走出自己的情绪舒适区。听到别人诉苦，我们本能的反应是抵触。其实我们不需要回避，只需坦诚地告诉对方诉苦是于事无补的行为，心怀怨气只能将事情变得更糟。

批评者的困境

爱批评抱怨的人通常认为他们不过是在帮助事情变好。我甚至听人把抱怨说成"一种无助的关心"。在工作中提出意见，表达自己对事情的看法分为两种：一种是批评，一种是评判。它们并不是一回事。批评是消极的，是指破坏、贬低他人的成就，或去证明某件事情在现在和将来都行不通。评判则是另外一回事。虽然我们在工作中可能不可避免地要对某事进行严密且深层次的质疑，但是，在一件事情刚起步或项目处在实施过程中时，我们恐怕要极其慎重地使用批评这个武器。即使是伟大的构思和创新，在最初阶段都是脆弱的、经不起批评的矛。如果在这个时候过度批评，很多好的想法往往就消失在萌芽状态了。

批评时重要的一点就是要在实际观察的基础上提出意见。说话要就事论事，而且，当我们提出批评意见的时候，要考虑到他人的情绪，语气应该是积极的、支持的。如果要使批评奏效，那么我们应该注意在批评时做到对事不对人，直接指出某个不能接受的行为即可。

心胸狭隘者的困境

有些人对公司的企业文化并不支持，他们甚至肆意散播谣言、搬弄是非、含沙射影。他们喜欢在背地里、散会后、电子邮件或者茶歇中伺机而动。

其实，我们每个人都喜欢在背后议论别人，分析他们的动机，聊聊近况。但有些人做得很过分：他们多疑、气馁、毫无热情，这种负面情绪无疑会影响其他人的情绪。我们要坚决把企业中的这些行为消灭在萌芽状态，要清楚地告诉员工这样做既无聊也不被接受。另外，企业还要防止那些唯恐天下不乱、喜欢火上浇油的人。

被动者的困境

有很多人喜欢随波逐流，不喜欢主动分享心情、信息，也不跟人诉说自己的愿望和想法。他们不想去验证事实、澄清疑问，也不愿改变现状。他们对很多事情都无动于衷，看似大度包容，其实是无所作为，在工作中能躲就躲，逃避责任，这些人是无助于企业实现目标的。另外，这种员工缺乏干劲、士气低下、懒惰成性、对凡事漠不关心，与企业积极向上的气氛极不相称。卓越领导者要善于发现问题根源，激励丧失主动性的员工重拾斗志。但是如果发现某些员工成为企业的累赘时，也需要及时剔除，摆脱无用的人力。

化困境为力量

意识到自己身处困境常常会帮助我们发现一些重大的问题。你可以为郁积在心里的沮丧、伤害、愤怒以及人格和文化的错位找到一个宣泄的出口。人们通常会顶着巨大的压力去遵循一些条条框框，但最终让自己精疲力竭，凡事都提不起精神，还养成了许多坏习惯。困境之下的人们会宣泄不满或发现一些问题。对许多公司而言，"困境下的对话"就是不良对话。因此，我们有必要认真探讨这个话题，并促使人们重新重视一些问题。

运用权力金字塔图的优点之一就是使谈话中的问题或事情具体化，把它从某个人或行为中提出来，这样你就可以更轻松地处理不良对话。当两个人僵持不下时，不妨这样说来打破僵局，"嘿，你看，我们现在出了点问题。我们还是将精力放在重点问题上吧。"我们同样可以借助困境来取得进展和成果。卓越领导者会敏锐地观察到困境，并把它视为一个危险信号，然后做进一步的观察询问。有时困境能暴露员工的不满情绪和企业存在的实际问题（见第 9 章关于不满意因素的部分）。员工的不满常体现在企业内存在独断专行、信任不足、言行不一，以及系统、价值和目标协调不利等问题上。

最后，困境也是情绪宣泄的重要途径。理智使得人们在工作中很难与别人倾诉自己内心的想法、个人情感以及真实的愿望和诉求，但这些情绪也是实现高效对话的力量之源。陷入不良对话后，领导者可以卸下防备，毫不掩饰自己的情绪，而其他人也可回归本我——说出最基本的愿望和需求，就好像是看到原本包裹在外壳里的小小的种子。困境通常是一个过渡地带（尽管情况复杂、千头万绪、难以应付），但是困境中的我们往往可以发现什么才真正具有价值，以及那些实实在在需要得到重视的问题。

摆脱困境

卓越领导者知道如何摆脱困境。他们深知身陷困境将导致自己停滞不前，甚至使企业陷入恶性循环。领导者看重的是积极的效果、实在的成绩、未来的方向、言行一致、凝聚员工力量，并履行承诺。不良对话的困境的偶尔出现，反而可以推动议程的进展、突破和转变，但这毕竟不是长久之计。

以下步骤可以帮助你摆脱不良对话的困境。

1. **放弃议程。** 一旦听到不良对话的苗头，你就要意识到必须解决它，否则对话会陷入僵局。

2. **核实情况并摸清情绪。** 要深入探索并找到是什么情绪导致对话陷入僵局（并导致僵持状态）。

3. **列清单。** 抱怨或者拒绝仅仅是开始，应把所有问题都找出来，一一确认核实。

4. **确认清单。** 一旦有了完整的清单，并且人们认为沟通不存在其他的障碍了，下一步就要再次回顾清单，以保证大家都准确无误地理解所有问题。

5. **从最后一个问题开始。** 通常开始的几个反对意见只是烟幕弹，掩盖了其他难题和深层次的问题。这种逆向讨论方式能提高效率。

6. **了解情况。** 让对方告诉你为什么这件事很重要，从而保证全方位地处理这件事。

7. **暴露问题。** 让他人充分阐述观点并推敲研究，这样做更容易暴露出问题。

8. **摆脱困境。**用第 2 章介绍的权力金字塔图重新设计问题、发掘构思、考虑新思路、采取行动，让每个人都愿意继续前进。

动机不纯的高效对话

另一种形式的不良对话不仅会令你陷入困境，还会伪装成高效对话。一些人用高效对话的技巧和工具来操控对话，以实现私利或者图谋不轨。这些人的破坏力极强，因为他们把两种东西——智慧（驾轻就熟地进行高效对话）与不良动机结合在一起，就可能产生极大的危害。

即使是洞察力很强的领导者常常也很难察觉这类对话，因为能够实施这类高效对话的人通常拥有过人的头脑和娴熟的沟通技巧。他们煞费心机地伪装自己，让自己看起来是一副用心良苦的样子，但是他们就像莎士比亚的《奥赛罗》中的伊阿古，高效对话在他们手里成了一剂毒药，它能把理解变成误解，信任变成猜忌。

公司中还有一种人也很常见。他们只关注自己的计划，并装出一副认真倾听、分享、交流和参与的样子，在履行承诺、实现共同目标时则会偷懒省力。他们真正关注的是自己的一亩三分地，不惜踩着别人的肩膀满足一己之利。这样的领导者通常很强势，头脑灵活，喜欢主宰一切，而且颇有手腕。他们可以装出一副言之凿凿、真实坦诚的样子。虽然实现了公司目标并带来了短期效益，但他们的行为破坏了企业更为重要的长期资产——信任。

此外，还有一种人，他们拥有超凡的个人魅力并具备极强的组织或操控能力。这种领导者的杀伤力也是高级别的，凭借着至高的权威和强大的领导力，他们的一言一行可以对众多员工造成非常恶劣的影响。这样的领导者可以违背人性的价值和原则，以超乎常人的能力和煽动性向别人输入自己的价值观，让人接受被扭曲的说辞。这些人很擅长笼络人心、捍卫人们对自己的奉献和忠诚。他们的语言极富感染力，而这种力量所导致的严重后果也是众所周知的。

不过，大多数情况下不良对话并不是由居心不良的人所引起的，而是沟通、性格或者公司层面存在的问题。

尽管如此，我们依旧可以把不良对话当成化干戈为玉帛的机会。通过关注并认真运用权力金字塔图，以及观察不良对话的表现和原因，卓越领导者会发现问题的根源，并调整注意力，使得对话再次步入正轨。

现实生活中的对话由于工作压力、信息混乱、性格不和而很难处理，且对话很容易跑题。理解高效对话的原理以及如何取得进展的方法是取得成果的关键。具备这种意识可以降低不良对话的发生频率，并最终实现高效对话。

对话越棘手，高效对话就越有用

　　沟通从来不是一件容易完成的任务。领导者会经常面对各种突如其来的情况，还要处理各种矛盾分歧，这时发生的对话会考验参与者说话的分寸、经验和技巧。当进行棘手对话时，我们更要注意使用高效对话的原则，只有清晰明了的沟通才能有助于推进议程、相互了解和学习、加强联系。假设你必须亲口告诉要好的同事，他因表现不佳需要离开项目组，那么你肯定希望既要让他知道这个信息，又不伤害你们之间的感情。这就是一个棘手对话的例子。再假设公司要进行结构调整和人事变更，所以必须要裁员，但身为领导者，你还要鼓舞员工保持士气，秉承公司宗旨继续努力工作。这样的对话也会让领导者感到棘手。

　　领导者在工作中常会遇到类似的难题。领导者不仅要鼓励员工，还要管理公司，推进议程和目标的实现。高效对话具有结构清晰、重点突出（推进议程、相互了解和学习、加强联系）的特点，能够帮助领导者有效地管理公司的各项工作。

有人说在例行工作中记住高效对话的步骤和过程并不难，在理智的沟通中很容易就能想起这些步骤，这样就能从"什么情况"过渡到"怎么解决"，继而拿出解决方案并采取行动。但是他们认为在琐碎的日常工作中，高效对话并没什么用处。因为生活就像高压锅，什么东西放进去都会变样。其实这是一种误解。情况越困难，对话越棘手，高效对话就越有用。在困难时刻，遵循高效对话的原则可以决定成败。

卓越领导者如何处理棘手对话

卓越领导者最擅长处理棘手对话。他们会全神贯注地处理困难的问题。这不是说他们喜欢与人作对，而是因为他们有临危不惧的能力。

深谙沟通原则的领导者在逆境中能保持充沛的精力。他们通常不会被困难吓倒，反而愿意承担这种责任。因为他们对这些难题进行了反复的思考并做出了明智的决定，他们做好了面对困难、冒险和痛苦的准备。

如若不慎，决策也可能带来惨重损失。丹尼尔·戈尔曼在Linkage 公司全球领导力发展会议的采访中说道：

情商高并不是指一味对人好，它可以指做事直接、果断自信、困难抉择时的能力，甚至是在必要时果断裁员的勇气。但是这样做的时候，情商高的人会设身处地为他人着想，把事情做得合情合理。现实中有些铁腕执行官在上任后常需要马上对企业的闲杂人员开刀，但由于情商低，他们在这个过程中会开罪一些员工，不仅会导致公司上下怨声载道，而且也会打击士气。当企业变成这样，首席执行官也只有离职了。这就是情商低的结果。

卓越领导者的情商是非同一般的，他们既可以运用情商摆脱困境，但又不至于让人觉得自己是缺乏魄力的老好人而遭人鄙视。他们所做的还远不止这些。在岌岌可危的人际关系中和缺乏信任的情况下，领导者的首要任务是要努力摆脱不良对话，并达到加强关系和巩固信任的目的。领导者会发现，在困境和高压中蕴藏着学习和提升自己的大好机遇。在对话中我们可以了解自我，也可以了解对方，包括对方的想法和价值观。在这个过程中，领导者可提高自身能力，也可帮助对方进步。

为什么有些老员工被贬了职，却依旧和他的领导者保持（甚至会加深）良好的关系？那是因为他们有老交情。这些领导者通常在工作中做到了关心员工，用心、用感情来领导员工。他们忠于自己的信念和情感，能够真诚地说出自己的想法，所以即使面对棘手话题，双方的沟通也能保持顺畅。

在处理棘手的对话时，我们可以尝试下面的建议：

1. 真诚地表达同情；

2. 用信心克服恐惧；

3. 理清对方的需求；

4. 给予支持和配合，保证工作方向的正确性，但也要求对方按照部署将工作计划落实；

5. 让对方清楚地知道该如何把工作做好。

高效对话可以帮助领导者成功做到以上几点。

导致冲突的议程

议程出现分歧是很正常的事，在此过程中会发生矛盾、交流中断、关系恶化。卓越领导者在面对冲突的议程时会尽量去做调和工作，把不良后果降到最低。如果领导者一意孤行而置别人的意见于不顾是肯定行不通的。为了切实履行承诺，对话各方要共同进退。

在《纽约时报》上刊登的一篇文章中，导演史蒂芬·斯皮尔伯格谈起了他的制作公司——梦工厂［是与迪士尼公司前副总裁杰夫瑞·卡森伯格（Jeffrey Katzenberg）以及音乐、电影制作人大卫·格芬（David Geffen）一起成立的］。斯皮尔伯格是好莱坞的铁腕人物，也是一位著名导演。他的真诚和诚信是大家所公认的。梦工厂的诞生给电影界带来了不小的震动，因为它给这个行业带来了潜在的威胁。的确，如果斯皮尔伯格当初没有履行种种承诺，就会变成对业界的一次公然挑衅。在公司成立初期，他的一些新的价值观让他吃了些苦头，但最终他靠自己的信念实现了承诺。尽管如此，还是有人质疑他的动机。在被人问到与卡森伯格和格芬联手是不是想帮助卡森伯格向迪士尼公司进行报复时，斯皮尔伯格予以否认道："如果我不自找麻烦，杰弗瑞大概也能实现这些愿望……但我和杰弗瑞、大卫都不怕麻烦，这样一来就实现了我们共同的梦想。"

这就是相互分享和整合计划在现实中的例子（至少有整合的余地）。但通常不同计划之间会出现矛盾，无法轻易地调和好。虽然花了一番功夫，但我们依旧不能合作干成一番大事。遇到这种情况，我们很可能会置对方的需求和愿望于不顾。

记得20世纪70年代中期，当我还在中东的雷神公司工作时就犯过这种错误。25年过去了，当年发生在8000英里外的故事放在今天仍令我感到难过。

和许多涉世未深的领导者一样，在谈判时我有些搞不清"推"与"拉"的时机和作用。我没有采用直接、坦率、诚实的方式去赢得谈判（比如"拉"对方），反而认为力量与胜利来自"推"。我喜欢充分展示自己的领导力，把自己的计划凌驾于他人的观点、信念和感受之上。我毫不在意对方所表达的需求。如果有人挡路，我就把击败对手当成最简单、最具领导风范的方法。

多年以后的今天，我才意识到自己的目光短浅。炫耀能力仅仅是昙花一现的短期胜利，而这种胜利既无法增进彼此了解，巩固人际关系，也无法孕育真正的强大。没有他人的支持，任何人都无法真正实现长远的计划，或者铸就长久的合作关系。

我当年的理想就是为雷神公司的一个部门制订领导力发展计划。这件事当时被搞得很高调，还得到了公司总裁的支持。我觉得这个计划无与伦比，因为它融合了世界顶级公司领导力发展的成功经验。我与公司高层碰了面，并做了陈述，以为能够来个开门红，但我错了，有些人的言谈举止流露出他们并不赞同我的想法。

当时反对我的人是汤姆。尽管汤姆并没有直接提出他的反对意见，但他总是缺席重要会议，做决定时显得犹豫不决，而且在很多小事上都为计划的实施有意无意地制造障碍。每次谈及计划，他总是说很多漂亮话，但每次我以为他已下定决心兑现承诺时，他却不做实事了。

我对这件事已经恼火很久了，最后终于决定和汤姆摊牌。我认为开门见山是最好的方法。我也知道"隐蔽式对话"这种方法，就是在谈话中不直接公开地说出真正的想法和需要。但我的目的就是要将汤姆暗藏的动机公之于众，想听他亲口告诉我他其实反对我的提议，指出到目前为止他不过是在阳奉阴违。

隔天我和汤姆正好有个机会谈论其他事，我认为机会到了。我和他摊牌说："汤姆，有个问题我想和你讨论一下。我觉得你并不赞同我的领导力发展计划。本来我们有很多好机会可以把它做成公司的品牌，但我觉得你的心不在这儿。你虽然在会上说过要帮我，但实际上却没有这么做。俗话说'一言既出，驷马难追'，你说话总要算数的，对吗？"汤姆听我说话时的态度就好像我来自外太空。他一头雾水的样子让我更受刺激了，于是我接着说道："你又来那一套了，今天我希望你能当面明白地说你以后都会支持我的工作。"说到这，你们也看得出来，我忽略了一个重要问题，我没有问他的计划是什么，心中有何感受，或者有什么需求。

汤姆听了我的话又惊又怒。他说我没有权利跟他这样说话。他不会因为我不喜欢他的表现或做事方式而去改变自己。我还想继续和他争辩，但他缄口不语。我们就此不欢而散了。

就在第二天我又犯了一个错误。公司总裁打电话问我计划进展如何，我回答一切运转顺利。他问我进展中是否遇到什么困难。我一听这个问题就想这是我把汤姆的问题说出来的最好机会了。我知道背后说人坏话是冒险的行为，但我当时觉得自己为了项目成功，已别无选择。更何况，之前我已经给汤姆机会了，是他自己没把握好。

"有件事你也许能帮上忙。"我在电话里说道。我试图缓和自己的语气，让我的话听起来不像是在背后说汤姆的坏话，我不过是想给汤姆施加点压力来完成自己的工作，于是继续说道："我觉得汤姆没有配合我的工作。我担心他并未全身心投入工作。"

总裁马上就问我是怎么知道汤姆工作不上心的。我就回答说，汤姆倒是从未正面提出过反对意见，但我隐约可以感到他并不支持。

40 年过去了，当年我说的这番话仍然让我羞愧。虽然我觉得向总裁谈及汤姆的问题没什么不对，因为前一天我还和他就合作的事交锋过，所以我并不是无中生有。但是我仍然在话说出口后意识到自己犯了对话的忌讳。

总裁当时说他会来处理汤姆的事，就再没说其他的。后来，汤姆明显对我的工作支持了许多。不过，在这之后，汤姆再也没有在私下里和我说过什么。即使在几个人的聚会上，他也不和我说什么，他的态度明摆着就是咱俩扯不上任何关系。

这就是我取得的"胜利"，一场毫无意义的胜利。我再也没有机会发现和了解汤姆反对计划的真正原因，或者说他是怎么看的，他有什么计划、愿望和需求。所以，我开展的根本不是高效对话。

时至今日，我比那时的自己成熟了不少，我意识到，我真正的损失是失去了汤姆的友情。我们在刚开始工作时其实相处得还不错，但现在这一切都变成了遗憾。我们错失了在恰当的时候进行推心置腹的谈话的机会。甚至从工作上讲，这也是一个不小的错误，因为我的失策，我失去了一个本来会支持自己的伙伴。即使汤姆这次不支持我，但是如果我们的关系还在，他可以在下一个项目中支持我。可是因为我连犯了两个错误，我再也无法赢得他对我的信任。我破坏了建立相互信任的基本原则，那就是我当时没有考虑他的想法，我只想着要实施我自己的计划。

从这件事后，我汲取了经验，我不再使用这种自私强势的对话方式和背后讨论的方法。不过，现实中仍有些领导者在犯着我刚提及的错误，无法和不支持自己的人进行有效的沟通。其实，工作也好，家庭也好，这种意见冲突是非常常见的。在咨询过程中，有领导者会私下问我在家里和孩子们有很大的意见冲突时该怎么办的问题。我就建议他们使用高效对话来解决这种意见冲突，比如如何表达感情，搞清孩子们的想法和需要，做出谨慎的决定和承诺等，这样就会使家庭关系更加融洽。虽然意见不同，想做的事情也不同，但是这些分歧的解决不一定要以影响家长与孩子的感情为代价。

愿望和需求是两回事

当意见不合时，一定要花时间先搞清楚对方为什么会反对自己。把情况弄清楚，看看能不能在保证工作顺利开展的同时通过其他办法来满足对方的需求，或者能不能把事情灵活处理，互相通融，如此我们就能让对方的想法得以实现。

在进行交易或合同谈判时，意见不一致的情况会在一开始就存在。深谙谈判之道的高手们会在谈判之初耐心地弄清原委，再确定如何应对。谈判高手知道在决定前需要分清愿望和需求。

直到现在，我一直把愿望和需求这两个词并用。但我们要好好地研究一下这两个词的细微差异。大致来说，人们更可能舍弃愿望，容易在这方面做出让步；而需求是更本质的东西，因此也很难让步。人们习惯的做法是将愿望伪装成需求，甚至会有人到最后都不承认某些愿望其实不是需求。比如与工会谈判时，管理者会听到员工的各种愿望。但是只有将工会提出的要求做一个分类，分清什么是需求，什么是愿望，才有可能达成和解，调解纠纷。无论是出于何种意愿的谈判，如果双方都想实现自己的愿望，那么几乎没有谈判会取得成功。谈判就是发现真实的需求，然后就此展开解决方案的对话。

如果是棋逢对手，那么抓住对方的愿望和需求也是取得谈判成功的一大法宝。大家还记得篮球巨星迈克尔·乔丹吧。他获得过六个总冠军，其他奖项更是不计其数，受到无数球迷的喜爱。但我们无法想象，在 20 世纪 80 年代末 90 年代初，乔丹还是别人眼中的失败者。虽然乔丹凭借令人难以置信的个人得分能力获得了得分王和最有价值球员的荣誉，但他所在的球队（芝加哥公牛队）总是在季后赛中稍逊一筹。最终，乔丹本人和他的领导力都受到了质疑。很多人就力挺拉里·伯德（Larry Bird）和"魔术师"约翰逊（Earvin Johnson），因为他们在重要比赛中能展现实力，在队友配合下使球队获胜，不仅成为全场的得分王，还囊括多种奖项。与他们相比，乔丹就相形见绌了。

到了 20 世纪 90 年代初，菲尔·杰克逊（Phil Jackson）开始执教芝加哥公牛队。人们怀疑杰克逊究竟能撑多久，他能不能"搞定"乔丹。但是，杰克逊成功"搞定"了乔丹——通过使用高效对话。有一次，杰克逊要在防守上建立一个铁三角的阵型，这也意味着乔丹投篮的次数要减少，他的队友会增加投篮机会。乔丹因此可能要牺牲个人得分，甚至失去 NBA 得分王的位置。

杰克逊深知这会给乔丹带来巨大的困扰，但他希望乔丹对此有充分的心理准备，不能让他抱有任何幻想，总之就是乔丹需要完全服从球队的策略。杰克逊充分认识到这个转变的困难，因为他知道如果采取这个策略，就可能出现约翰·帕克森（John Paxson）、斯科蒂·皮蓬（Scottie Pippen）和比尔·卡特怀特（Bill Cartwright）丢球，但乔丹知道如果自己投就不会丢球，那他肯定会不甘心。不过，杰克逊要乔丹知道这种失分不是没有收获，收获就是可以把整个队伍的积极性调动起来，提升球队的整体实力。这在胜负难分的激烈比赛中尤为重要，也是一支想获得总冠军球队必备的素质。杰克逊对乔丹说：

> 你一定要记住，这些队友虽然没有你希望的那样出色，但他们会竭尽全力。如果我们原地不动，我们球队就已经到达我们能够到达的最佳水平了。可是如果我们能把整个球队调动起来，让每个人在球场上都有展现的机会，那情况就不同了。我知道，如果是一对一，他们肯定无法达到你的作战能力，但他们也有自己的特点，也能打得漂亮，甚至在关键时刻也能得分……胜利是无法靠一个人的得分拿下的，因为到了关键时刻别人完全能把一个球员盯死，不给你出手的机会，底特律活塞队不就是这样对付我们的吗？……我们要靠全部球员，让大家都能得分，而且我们要一直能够做到全队球员都能得分，才可能获得总冠军。

乔丹听了这番话还是不太情愿，因为杰克逊的新战术直接影响了他的个人愿望（得分王等）的实现。然后，杰克逊非常有技巧地问乔丹究竟想要什么，也就是需要什么。结果乔丹发现自己最需要的是带领球队获得总冠军，这也能满足乔丹的竞技精神以及个人名气的提高。没有总冠军头衔，纵然拥有无与伦比的个人技术，也无法让人心悦诚服，无法担当伟大球员的称号。

最终，乔丹同意了教练的战术，将个人的愿望放诸脑后，和队友一起实施了防守战术。虽然心里还是半信半疑，但乔丹还是渴望球队获得 NBA 总冠军的。结果就有了后来公牛队在 20 世纪 90 年代六次问鼎总冠军的辉煌。在决赛中，乔丹还是主力，但与以往不同的是，他从队友那里得到了莫大的支持。

询问与建议相配合

巧妙的询问是揭开隐藏对话、发现愿望和需求的关键。在对话中，如果对方不支持我们，那么我们肯定会感到沮丧、迷惑和不理解，但其实这时我们需要做的是把自己的想法进一步地解释清楚。在阐述观点时可以遵照以下四个步骤：

- 陈述推论结果；
- 提供支持数据；
- 解释论证过程；
- 征求反馈意见。

仔细研究别人的观点通常起的作用更大——当然，我们都不习惯这么做。想了解别人的看法时可以试试以下几个策略：

- 重复你听到的话（对方给出的推论）；
- 询问对方得出的数据；
- 询问对方的论证。

按照上面的方法，合情、合理、客观地讨论便能海纳百川，集各家所长。有时，巧妙地把事实摆在对方面前，人们反对的态度自然会转变。

孩童时期没有受过良好沟通训练的人想做到以上几点是非常困难的。早期教育，也就是在孩童时期所建立的行为、信念和态度，塑造了我们现在的性格。通常，大多数人长大后在社交和工作中都会表现出与儿时不同的处理模式。这固然是环境所迫，但是研究也表明，当人处于困境和恐惧时，其行为模式就会倒退，回到我们早已习惯的应对模式。在这种情况下，高效对话就可以帮助我们从困境中走出来。

放手前进

身为领导者总是要推进企业计划的，但如果急功冒进，就可能欲速则不达。比如，Linkage 公司的一位领导者不希望开辟新业务，而我执意要进军新领域，那我会仔细研究他的想法。假如我不顾他的反对，一意孤行，那换来的不会是持久的胜利，因为他并不是发自内心地认同公司的计划。如果我进一步了解情况，我可能会发现他不支持的原因，比如缺乏专业知识、兴趣不足，或者目前的工作已经让他难以胜任。了解了这些情况之后，我们就可以一起来解决问题，比如加强支持、资源的配给，或者暂时解决不了问题，就先不强行推进计划，而是等待更好的时机。说到底，我们不能把自己的意愿强加于人，卓越领导者更懂得如何将个人计划融入集体计划。

我们继续说这个不支持我的领导者的例子。如果过些时候，我仍然要坚持实施自己的计划，而对方还是不肯配合，那么我就会用高效对话的方式告诉他为什么这个计划需要实施下去。如果真的需要，那么有没有这位领导者的支持，我一样会坚持下去。我们必须看到有些分歧是无法调和的。这时，高效对话的真正目的就是让双方能够不伤和气地分道扬镳。我固然很清楚自己到底想要什么，但当发现两人的分歧是因为志不同道不合时，就需要在尽力不伤感情的情况下解决问题。有时作为领导者，我们必须要说这样的话："我知道你的想法，但我必须坚持下去。所以虽然我会找人继续这项工作，但希望你理解我的处境，不要让这件事情伤了我们的感情，事后我们也不要互相埋怨。"

为棘手对话做准备

就像律师准备出庭、音乐家准备演出前需要排练一样，领导者也必须为棘手对话做好准备。如果准备不充分就去谈话，好比没穿防护衣就去捅蜂巢。下面的这几个案例就生动地说明了充分准备的重要性，每个案例都以高管被解雇收尾。

先说第一个案例。一位董事长决定要解雇公司的总裁，但是却没有通过面对面的对话来清晰传达这个信息。事情是这样的，之前，这位董事长和我谈了这件事，我们说好用高效对话来执行这个决定。我们精心准备了引入话题的方法，并分析了可能出现的情况。但在对话中，这位董事长不仅在说到解雇时结结巴巴，而且讲话时也没能清楚地表达自己的意思。

在他们谈话结束后，我找被解雇的总裁谈了几句。当时这位总裁看起来情绪低落、表情严肃，但还没到崩溃的程度。

那位总裁说："董事长和我聊了聊。他说有些事让他很失望。他不能允许这种情况再出现了。我感觉我这次麻烦大了。"

"什么麻烦呢？"我问道。

"我必须要找到解决问题的方法，不然我就要被公司开除了。"

我听了十分惊讶，因为我知道董事长找他谈话的目的就是要当面解雇他。于是我继续刨根问底，又得知谈话到了最后，他们还说了接下来要做些什么，比如董事长要总裁"这周末好好想想这次谈话的内容"。

"我真的需要想出个挽救局面的计划来，"总裁说，"董事长的意思很清楚了，我们必须改变目前的状态。"

听罢，我告诉这位总裁："对于董事长而言，这次对话的难度不亚于一场商业谈判，但董事长的意思其实是要解雇你，所以你误解了董事长的意思。不过，你应该在和董事长谈话时就清楚地听到这一决定。"我在告诉总裁这令人痛苦的消息时尽力将话说得委婉，把伤害降到最低。虽然对我来说这也是件苦差事，但我还是做到了清楚无误地传达解雇这个信息。高效对话的目的就是要把信息传达得清楚无误。

传达坏消息是很困难的，但接收坏消息就更令人难过了。正因为人们无法面对坏消息，我们更要把这个消息传达得清楚无误。人们听到坏消息时，会选择逃避以免当场崩溃，他们宁愿相信一些只言片语，相信事情没有那么糟糕。比如，当一个人得知自己罹患癌症，你要跟他谈治疗方案时，他可能根本就不听。在必要时，一个坏消息的传达需要分几次才行，先说一部分，当对方能够接受这个部分，情绪平复后再说下面的内容。

将要说的话写出来也是个好方法。在棘手的对话中，人们容易遗忘某些事。即使是一流的律师，在法庭诘问证人前也要设计可能出现的情景，自己该问什么，对方会怎么回应，一旦出现变化应该怎么应付。虽然律师知道自己要达到什么目标，但还是要做好应对各种情况和结果的准备。卓越领导者也是如此，在谈话前会做好准备，在谈话结束时还会和对方确认自己事先记下的要点都传达和理解清楚了。

那么在下面的故事中，我要说说做笔记是如何使各方都受益的。

这个故事发生在一家财富 50 强公司的分公司里。公司总裁觉得现在的首席运营官（COO）不再适合这个职位了，而且整个董事会也完全认同总裁的看法。这位COO的工作方式粗暴，经常与人发生冲突，摩擦不断。这次COO做错了几件事，董事会便立刻准备开除他了。

总裁与这位COO共事已久，于公于私，开除他都是一件很为难的事。公司目前正在进行的改革计划就是他想出的点子。如果公司其他人看到他如此下场，替他鸣不平，那么目前公司取得的成绩就可能会付之东流。总裁也知道他是个情绪化的人，他没办法平静地接受自己被公司解雇的消息。如果他无法接受，大发脾气，就会不惜把公司搞得鸡犬不宁。

总裁让我帮他一把。他希望尽量把这件事对公司的影响控制在最低；希望宣布消息时给足COO面子，让他能体面地离开；同时希望他们之间要保持不错的关系，在新人接替他工作之前的这段时间里，两人能继续愉快的共事。

我们在准备时使用了权力金字塔图，并做了彩排。总裁做了笔记并反复练习。他提前准备了清楚无误的问题，斟酌宣布消息的措辞。我还嘱咐他有些话是绝对不能讲的，比如"我心情和你一样不好"这种话就是负面情绪的导火索，会让当事人的情绪更低落。我建议："我知道这是件令人痛苦的事。你是我很看重的人，我希望能帮你渡过难关。这件事对我们两个都有很大的影响。"我们还在练习中加入了适当的肢体语言。

我们的计划是我在总裁宣布消息的20分钟后参与进去。到了指定时间，我走到办公室，透过玻璃窗看到了他们两个还在聊着，两人身子都倾向对方，聊得极其专注。我看到 COO 在听到被解雇的消息时是震惊的，但后来慢慢缓和了下来，接受了这个坏消息。虽然按计划我应该当时进去和他们一起聊聊，但我看得出来，他们正在谈到这件事的重要意义以及如何保持他们的关系，所以我要多给他们一些时间。

一小时后我出现在他们面前，和他们谈谈剩下的问题。他们已经准备好见我了，谈话最艰难的时刻已经过去。我从他们的语气和合作的态度中看出总裁和 COO 的交情还会继续下去。

克服棘手对话的困境

人生不如意之事十之八九。在非常困难的时刻，领导者需要在讲话中注入力量和诚意，帮助人们做出改变命运的决定。

1991 年 7 月 4 日，那是一个夏日的周末，刚刚起步的 Linkage 公司正面临急转直下的情势，于是我和哥哥以及公司的首席运营官聚在一起讨论公司的出路问题。至今，我们还把那次谈话称作"三个男人和一张沙发"的聚会。

当时我们刚丢了一个大单，而这个大单恰恰是我们公司赖以生存的经济来源。我们公司的 30 多名员工在这种情况下都跳槽了。一天之内，公司从一家拥有 30 多名员工、宽敞的办公室和价值数百万美元大客户的新公司变成了——毫不夸张地说——只有三个男人和一张沙发的公司。

我彻底崩溃了。我失去的不仅是自己的心血,我觉得我让其他人失望了,也彻底地辜负了信任我的人。强烈的负罪感令我窒息。我当时看到的全都是自己的过错。

我当时犯了一个重大的战略错误。在一些商科入门教材里就能看到企业的生存之道:一家公司为了生存不能只依靠单一的收入来源。当时的我心高气傲,以为自己不必拘泥于传统,总觉得那些规则又不是为我定的,我能处理棘手问题,别人不敢做的事我敢做。我说服大家把公司的鸡蛋放在一个篮子里,而现在公司要为这个错误决定付出代价。我的骄傲自大连累了那些依靠我、信赖我的人。

我的哥哥吉姆就是其中之一。作为兄弟,我们一直同甘共苦。我知道不论发生什么,我们都会相互信任、不离不弃,而另一个坐在沙发上的人更让我感到愧疚。几个月前,这位叫赖瑞的老朋友加入公司支持我的事业。

和赖瑞的交情从当年在雷神公司共事时就开始了。随着事业的发展,我们的友谊也在加深。我们经常一起去波士顿的北角吃饭。他为 Linkage 公司出谋划策(公司的目标和初步的企业方案就是他在鸡尾酒餐巾纸上勾画出来的),但因为当时他刚接受另一家公司的职位,所以为了守信用,就没有来 Linkage 公司任职。两年后,他终于可以加入 Linkage 公司了。他知道我们这个团队朝气蓬勃,富有创业精神,和那些步入正轨的大公司相比,我们带着股冒险的劲儿。赖瑞那时已经 43 岁了，两个孩子还小，所以他需要稳定的收入养家。但在 7 月 4 日的早上，我们的公司顷刻间就没有客户、没有出路了，我自问怎么能让处于这种情况下的赖瑞失望呢？

这种处境下的谈话恐怕足以让任何一个人都慌了手脚。当时我也只能将心里话都说出来。我想我当时的那席话是我们三个人都难以忘记的。我说自己心情很差，已经没有理由期望他们能继续留在公司里了。如果我是赖瑞，那我会想我赌了一把，但现在赌输了，那么也只能告辞，并为了养家的责任而重回雷神公司。我深知公司当时的状况，觉得自己无法说服赖瑞继续信任我，接着和我一起干下去了。只有赖瑞自己想通了，他才能够在这种情况下继续留在公司。此时我除了支持赖瑞所做的决定外，我还能说什么呢。

不过，我也告诉他们我还是想干下去，对于下一步怎么做，我也已经心中有数了。Linkage 公司还是有巨大潜力的，而且只要坚持，希望就在我们眼前。我当时就是那么认为的，但我不能指望赖瑞和吉姆也这么想。

总之一句话，不论他们做何选择，我都无条件支持。如果选择和我一起并肩作战，将来只要条件允许，我承诺公司重新起步后会给他们稳定的薪水。我一直认为我们可以把 Linkage 公司做成世界级的大公司。我坚信迟早有一天，我们的艰苦奋斗会换来功成名就。既然约翰·基恩已经做到了，我们也一定能成功。

我也提到，如果他们决定退出，我会把公司剩下的股份平分，算是对他们在另谋高就期间的补偿。他们离开后，我会继续完成我的事业，我保证公司的大门永远为他们敞开。哪怕是多年以后，如果公司的发展远远超出我们今天的想象，他们依旧能回来。他们不必心怀芥蒂，也不必感到遗憾，我随时欢迎他们回来加入公司。

我们就这样聊了很多。虽然大家都身心疲惫，但我们还是理性地做出了选择，我们选择对公司的未来充满希望，当然要让公司好转还需要一些时间。我们要和妻子、家人商量一下，如何从受伤和震惊的状态中走出来。我们要和自己深爱的人商量好未来的路究竟该怎么走。

后来赖瑞告诉我，我的那些话起到了神奇的效果，他说他听到了我发自肺腑的对朋友的忠诚和对公司的信心，他感到无法在那个时候拂袖而去。虽然公司运营不佳，但是我们有同样的志向，公司重要的员工都还在，我们可以重新开始。漫长的周末就这样过去了，隔周周二我们便重整旗鼓，开始通过电话销售寻找新客户了。

回想起来，那次谈话的确是 Linkage 公司生死存亡的决定性时刻。任何人都不喜欢经历那样的心痛，但正是这种心痛孕育了我们成就事业的决心——我们最终在逆境中白手起家建成了一家世界级的公司。在那次沙发谈话的几天后，公司的几个重要员工也回来与我们共同奋斗，因为他们认同我们的愿景、价值观，也相信公司会给予他们所渴望的机遇。这些人现在依旧与我们一起并肩作战，他们成了公司最宝贵的核心人物。

接下来，我们首先明确了公司业务多元化的方针。新愿景包括围绕我们的核心优势建立多个主要产品和服务。我们坚信这次一定会成功。

后来，一位竞争对手对我们吐露真言，说我们在恰当的时候和之前的客户解除了关系。不久，那家大公司的内部问题就暴露出来了，公司收入出现巨大亏空，而我们公司却因为采取了新的商业和股权模式适时完成了转型。

这件事让我悟出了一个受益终生的道理：即使在最艰难的时刻，不论条件多么恶劣，高效对话也能帮助我们驶向成功的彼岸。

第 二 部 分
高效对话的执行

CHAPTER 06

信任是高效对话的基础

　　我一直都认为信任是合作的基础。后来，我又研究了沟通对于领导力的重要性，也就是那些颇具影响力的领导者如何通过高效对话来沟通，我才确切地了解了信任的作用和重要性，以及信任对于企业组织和个人的影响。

　　高效对话可以提高办事效率，帮助企业创造共同学习和团结合作的气氛，而其所产生的效应又会加深企业人员之间的互信。成功的领导者会有意识地运用高效对话来建立与上司和下属之间的良好关系，同时保持与企业其他级别人员的沟通。那么，为什么领导者要如此费心地去建立信任呢？是因为获得他人的信任能给他们带来满足感，还是他们只是怀着利他主义的高尚情怀，想为员工建立一个愉快的更为人性化的工作环境？其实都不是。有影响力的领导者深知信任是他们可以利用的宝贵财富，这种优势可以帮助他们达成企业设定的目标。领导者也意识到，信任会从根本上提升企业的综合实力，使企业更容易实现既定目标。

本章将谈到信任的本质和作用。读者可以了解到领导者对信任的重视程度，以及他们是如何在工作中建立信任的。建立信任的方式各有不同，其效果也不尽相同。虽然信任是一种资产，但是它却极不稳定，而且缺乏透明和持久性，所以，信任很容易贬值。本章将分析信任丧失的诸多原因，同时也会谈到信任与高效对话之间的关联。

信任的本质

我们就从美国西北航空公司的首席执行官赫伯·凯勒赫（Herb Kelleher）开始谈信任吧。在《领导者的情商》（*Executive EQ*）一书中有这样一段话：

> 一天，西北航空公司的副总裁加里·巴伦（Gary Barron）在走廊里碰上了凯勒赫。当时公司刚开完一线会议，这是公司老总和其他高层管理人员定期碰头讨论公司问题的会议。巴伦告诉凯勒赫他想谈谈公司维修部门的管理重组问题，该项目可能耗资7亿美元。巴伦把自己整理的三页重组报告方案递给了凯勒赫。凯勒赫当场就读完了报告，并提出一个问题。然后巴伦说那个问题其实自己也想到了，所以会考虑解决办法。于是凯勒赫当场就表态说这个方案不错，可以开始

实施。这个对话的过程不过花了四分钟时间，但我们可以看出来，凯勒赫显然是一位深得下属信任的领导者。

这个故事告诉了我们什么是信任：我们很难说信任究竟是什么，但是当它存在时，我们就很容易感觉到。

信任是领导者的通行证。它解释了为什么人们愿意听从某位领导者的指挥。虽然从情感和个人角度，我们很容易判断信任的存在，但是我们却很难具体地或者量化地去衡量信任。当然，人们多半会认为信任是某种关系的副产品而不是建立关系的最终目的。

我认为信任应该是建立关系的目的，而不仅仅是副产品，因为信任所产生的影响会促使我们建立的关系结出丰硕的果实。信任不仅仅是一种有益的、积极的情感，而是良好表现和结果的必要条件。我们有必要记住，人类是感情动物，只有在既定的情况下才会发挥自己最大的作用和潜力。领导者必须要依靠信任才可能影响下属的行为、思想、感受、目的，甚至他们的梦想。

那么信任到底是一种什么样的情感呢？要说清楚这个问题并不容易。信任意味着对他人的人品和性格的肯定，并且知道可以在既定的情况下依赖对方。信任会让我们放下疑虑，乐于接受他人的设想、观点、行动和建议。我们在不同的场合可以看到不同的信任，但是在心理层面上的信任是一个相对简单的过程。比如说，父母告诉自己的孩子，当他从滑梯上溜下来时，爸爸妈妈会接着他，那么孩子就放心地从滑梯上滑下来；一家国际公司的首席执行官对员工说新成立的合资企业需要全体员工的努力和支持才可能成功。上述两种情况都依赖于信任，孩子只有信任父母才敢于从滑梯上溜下来，而公司的员工只有相信首席执行官的话才会响应公司号召，并努力工作。

那么我们在哪儿可以找到信任呢？信任是怎么体现的？我们在与人进行一对一的沟通时最常体会到信任，领导者和追随者也经常能相互体会到信任。总之，信任是团队最重要的组成部分，就像空气一样存在于团体成员之间。

无论是在个人之间、领导者和追随者之间，或者是在团队之间，信任都扮演着重要的角色。如果个人的交往建立在信任的基础上，那么这种交流就会轻松愉快。无论是做决定、采取行动还是共同努力实现某个目标都较容易实现。如果一个团队信任自己的领导者，那么领导者的话就能够落实。这样一来，领导者即使制定了很难实现的战略和目标，也会得到下属的全力支持。如果一个团队能够建立信任，那么整个团队就能集众人之力实现共同的目标。如果一个团队能够团结一心，互相信任，就没有完不成的使命。

相反，如果在个人交往之间、领导者和下属之间，以及团队之间缺乏信任，那么他们或许眼下就面临种种问题，或者在不久的将来就要面临困境。缺乏信任就意味着疑虑重重，没有信任就无法互相理解、共同努力，所以也很难实现目标。

通常情况下，大家都很自然地把信任当成共同实现目标和建立关系过程中的自然产物，以及我们实现目标和建立良好关系的必要条件。但是这里需要指出的是，信任必须在先，然后才有目标的实现和良好的关系，而不是先实现目标和建立了关系之后才有信任。我们虽然认为信任就是确定性和信念，但我们不妨分析一下信任和感情可能产生的其他情感，如忠诚、自信、冷静、亲密、希望和投入。当我们意识到信任可以催生出如此多积极的情感因素，而且这些因素并非不可评估时，我们也许就不会再把信任仅仅看成一种软实力了。

最后，我想更为具体地定义信任。首先，我们应该看到信任的不同层面。我们可以只是泛泛地说"我们很（或者比较）信任某人"，但是我们似乎很难界定信任的不同程度。本章将进一步分析在人际交往、领导者和下属以及团队之间存在的不同程度的信任。

如果我们了解了信任的作用，以及有影响力的领导者对信任的看重，那我们就会相信建立信任的重要性了。我认为信任并不是一种虚无缥缈的感觉或者某个过程的副产品，而是可以通过有意识的努力来建立的。

加速决策，赢得支持

我们再来回顾一下《领导者的情商》一书中提到的事件。凯勒赫可以在四分钟读完三页纸的报告，然后批准自己的副手提出的一项价值七亿美元的计划。作者库伯描述了凯勒赫对副手的信任，我也佩服凯勒赫能给予自己的副手如此大的信任。从这个事件中，我们看到了信任是如何加速企业的决策进度，并且帮助企业实现共同目标的。如果一家企业没有建立普遍的信任，那么这样的决定可能要花上几个月甚至是几年的时间，那时一切都太迟了。

西北航空公司的例子也让我们看到了支持的重要性。如果没有支持，这个决定不会那么快就得到批准。如果一位领导者懂得开展高效对话，并且通过高效对话建立了信任，那么这种支持就会出现。如果我们建立了强有力的人际关系，那么我们就可以跨越障碍，轻松前进。想想一个你十分信赖和支持的人，一个你可以无话不谈的人。我几乎可以肯定这种支持是建立在长久的联系之上，通过很多关于痛苦和共同梦想的交流之后才会建立的联系。

几年前我参加了一个朋友儿子的成年礼（犹太男子的成年礼），它让我看到了支持的重要性。在成年礼上，人们讲述了圣经中巴比通天塔的故事。古时候，天下人都说着同一种语言，人们非常团结。当他们在建通天塔时，耶和华便施魔法，改变了人们的口音，使他们无法沟通，高塔也无法继续建下去，最终没有建成，这就是《圣经》对为什么现在的人类都散居在世界各地，并且说着不同的语言的解释。实际上，语言的多样性也彰显了文化的多样性，并非坏事。不过在与人沟通的过程中，我们会遇到各种问题，有些时候在沟通中出现的鸿沟是那么大，以至于我们不得不认为通天塔的故事也不是一点道理都没有。

我在成年礼上认真观察所发生的一切，毕竟犹太成年礼已经有几百年的历史，同时也是世界各地的犹太人仍然重视的仪式。在仪式上我听到对于诚实的承诺、那个男孩的愿望，他非常坦诚地说出了自己的期望。我突然意识到，虽然这是一次宗教仪式，但是这场对话也可以被看作一次高效对话。

我在成年礼上的发现还远不止上述这些。我发现仪式上的拉比就是一个深谙高效对话的沟通者。他说："我们每个人都有许多渴望，我们要说清楚自己的感情，也要将像需求和愿望这样重要的事情诚实地说出来。"接下来的这句更是让我毕生难忘："彩虹有两头。每一头都是一个承诺、盟约和应允。"拉比的这番话对希望建立信任的人来说也是金玉良言。

我在商界也看到过那些拥有超强沟通能力的领导者在通过高效对话来实现承诺。在彩虹的两端是两个人各自许下的承诺，当承诺达成，两者之间的信任也就建立了起来，这意味着两人之间哪怕只是点个头、只言片语或一个眼神的交流，都能互相领会信任。当信任打破沟通的重重藩篱时，两个人都能享受最高阶的高效对话，无须多说也能心领神会。

只有信任能够让决策快速达成，让议程畅通无阻地推进，而这种情形是可以在人与人或者组织之间做到的。肯尼迪家族就存在这种高度的信任和默契。以赛亚·伯林（Isaiah Berlin）是这样描述罗伯特·肯尼迪和约翰·肯尼迪之间的默契的：

> 肯尼迪这两兄弟之间有着令人难以置信的默契。如果一

个人说了什么，那另一个人完全明白其中的意思。他们也总是同意彼此的看法。一个人说笑话时两个人都会会心大笑，他们心心相印，好像其他人都不在场。见过肯尼迪这两兄弟之间合作默契的人无不印象深刻，因为他们知道这种信任即使是在亲兄弟间也是非常罕见的。他们之间无须过多地交流，一两句话就足够。罗伯特和约翰之间似乎存在着一种不间断的心灵感应。

在商界，我也见过身居高位的领导者能和自己的同僚或者自己领导的团队建立类似这种融洽的关系。我通过研究认识到这都是信任所带来的结果。在一连串的高效对话和履行承诺之后，随之而来的是对彼此的信任。信任建立后就没有什么是不能谈的了，也没有双方都要小心回避的话题。信任加快了沟通的速度，双方言行高度一致，不用费心观察表达心声的肢体语言，也不用刻意察言观色，真正的信任就是言简意赅也能互相明白。即使是我，看到这样的彼此信任也会感到美妙和欣喜。

信任是企业的财富

有影响力的领导者把信任看成实现企业目标的必要条件，能给企业带来丰厚回报的财富。信任是企业可以在不同情况下运用的影响力，也是领导者沟通交流、掌控大局的媒介。

我们不妨想象一下如果只运用那些传统的手段来领导，比如影响力、命令和权威，那么我们将会看到传统的领导方式和运用信任来领导的模式之间所存在的差距。仅仅运用传统手段的领导者能得到下属的忠诚、投入，以及为了共同的企业目标团结奋斗的精神吗？答案是否定的。有影响力的领导者之所以要费心建立信任是因为他们知道信任会为企业带来力量，并达成企业目标。

不过我们还是听听领导者自己是怎么看的吧。在 1997 年的 Linkage 领导力培训项目上，有一个由声名显赫的 CEO 组成的讨论小组一起探讨学习领导力。当时的会议是由沃伦·本尼斯主持，在座的 CEO 包括李维斯公司的董事长鲍勃·哈斯、全球领先的办公家具及服务供应商 Herman Miller 退休名誉主席马克斯·得普利、摩托罗拉执行委员会主席鲍勃·加文。当时会上提出的问题是，尽管这些年来有很多领导力的理论和时髦词出现，但是到底什么才是管理的基本理念。在座的 CEO 马上想到了同样的答案：信任。这些管理精英述说了各自是如何建立信任并努力创造一个团结的工作环境的，引人深思。下面就是他们的发言，后来这些内容在《培训和发展》（*Training & Development*）一书中也有叙述。

> 本尼斯：这些年大家都经历了变化，未来一定还要面对变化，你们认为在这个变化的时代里，什么才是管理领域不变的准则呢？
>
> 加文：人们对于人品的重视这些年来并没有什么变化，所以我觉得信任是最能激励员工的因素。
>
> 得普利：我同意加文关于信任的观点。我想补充一点，建立信任需要很大的耐心和勇气。虽然信任需要很长时间才

能建立，但是你可能转眼就会失去这份信任。

哈斯：我看重的有两件事：一是员工的价值，二是价值观的重要性。如果没有企业员工，我们的企业可以说不值一文。如摩托罗拉的高科技、Herman Miller 的巧妙设计和李维斯的产品创新和积淀，这些都不可能实现。是我们的员工成就了我们的企业，所以，作为领导者，我总是注意鼓励、培养员工之间的信任。

得普利：我们彼此变得更为信任。你刚才说到注重员工其实就是在建立和培养良好的关系。科技当然是好东西，但是光有科技还不够，只有建立了良好的关系才能让我们创造的科技和其他技术派上用场。

本尼斯：那么你们怎么在企业中建立信任呢？

哈斯：我并不认为有什么大组织的存在，而只是那些组织表现得像大企业罢了。我们在工作中要和员工建立亲密的关系。领导者为企业创造的友好环境和员工的感受是定义企业的标尺。作为一家庞大的跨国公司，李维斯公司现在有36 000 名员工，分布在全世界60 个国家。但是这家庞大的企业集团中，有的分公司创造了亲和愉快的氛围，这是由信任和共同的目标联系起来的；而另一些公司的气氛就非常沉闷、冷漠、压抑。所以作为领导者，我们要努力为每一个部门创造良好亲密的工作气氛。

这些来自跨国大企业的领导者无一例外都很看重信任的建立。他们并没有提市场份额、新技术或成本效率，而是一致认为信任才是可以创造和培养的最重要的财富。信任就像一粒种子，可以结出丰硕的果实，其他重要的价值会随着信任的建立而建立。信任和企业的价值观紧密相连，与我们在第3章中谈到的责任和授权，以及通过建立信任达到高效对话的原则也是一脉相承的。

信任的四要素

领导者承担着巨大的责任。作为领导者，要带领员工实现企业目标，其实是一项非常复杂和困难的工作——比起实现个人目标要复杂困难得多。如果说当一名卓越的领导者只需要智商和努力的话，那这个世界就会多出很多的领导者。但是，领导力要求的远不只努力和智商。身为领导者，不仅要激发集体的力量，而且要赢得集体的认同，激发下属把事情做到最好。我们常听说领导者不应该事事亲力亲为，其实他们也无法做到每件事都亲自过问。领导者要做的是让团队建立信任，并领导大家朝着一个共同的目标前进。

由此，我们可以看到建立信任对于领导者的重要性。只有员工信任领导者，他们才会言听计从，努力工作。关于信任，其实有不同层面的理解。得普利在小组讨论环节谈道：

> 尊重他人是建立信任的第一步。我们首先要看到，建立信任跟动脑子没什么关系，这是用心的问题。第二步是要看重每一个人。第三步就是信守承诺。如果一家公司的领导者

自己就稀里糊涂，那么他的手下也只能是稀里糊涂的。只有言出必行的领导者才可能建立起团队的信任感。

得普利关于信任的看法可以归结为以下几点：关心、承诺、清晰和一致性。图 6-1 向我们展示了这几个要素之间的关系，正是这几个要素的相互作用才建立了信任。

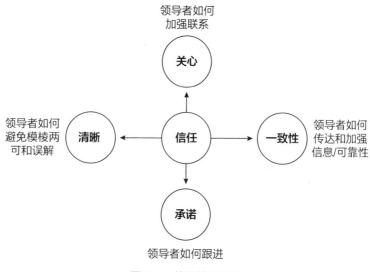

图 6-1　信任的四要素

关心

当得普利说到"尊重他人""看重他人"的时候，他所指的其实就是关心在建立信任中的重要性。其实要做到关心他人并非易事，这可不是随便说说而已。关心他人是需要有意识的努力才能做到的。在一家大公司，要让下属觉得上司关心自己尤其困难。哈斯的看法是其实没有什么大公司，我们应该把大公司看成由小团队或者个人组成的一个大的组织。如果我们这么看待大公司，那么可能会更容易做到关心他人。

我们每个人都面临着时间和精力有限的问题。不过，关心往往会产生多米诺骨牌效应，领导者的一次关心在一家大公司里常常会起到一连串的效应。而且，上司的关心常常会激发下属也学会关心他人。我以前在雷声公司（Raytheon）的领导就深谙关心的重要性。吉姆·刘易斯能做到让跟他交谈的人认为自己就是其当下最在意的人。对于每一次交谈，刘易斯都会通过自己的言行，让对方看到自己对他的关心。后来，刘易斯告诉我，这其实就是他为了建立信任所投入的努力——关心他人就像投资，而且这种投资从来都不缺乏回报。当然，刘易斯的这种关心肯定是发自内心的，而不只是为了获得回报而假装的。如果仅仅是为了回报，那么这种虚假的关心迟早会被人识破。

承诺

得普利谈到守承诺的重要性。建立信任，首先要做到言出必行。信任其实很像一件价值会上下起伏的商品，它的价值取决于个人、领导者、团队，以及他们之间的关系。如果一个人说的话有人相信，那他的话才具有可信度。重要的是，如果一个人承诺了一件事，那么别人就会在心里问：这个人能说到做到吗？卓越领导者的卓越之处就在于他们能确保自己的承诺都能兑现，而且领导者也没有别的选择，因为下属对于领导者的看法大多取决于领导者的执行力。

我想，无论身为领导者，还是身为下属，我们对于承诺的重要性都不缺乏经验。美国前总统克林顿在 1999 年 2 月经历了弹劾风波之后发表讲话，可能大家对于克林顿在此事上所应担负的责任各有看法，但是克林顿在讲话中谈到自己破坏了人民给予他的信任，他特地就自己"言行不一"的问题向公众道歉。他知道，他没能践行自己对美国人民许下的诺言。

清晰

建立信任不能忽略清晰的重要性。比如，在谈话时，领导者应该明确地表达自己的意思，如果许下承诺，那么他也一定要让人明白自己承诺的究竟是什么。有时候，一句话表面上看是清晰的，但这并不意味着听者就能按照讲话者的意思理解这句话。领导者不仅要确保自己的话说得清楚，还要确保听者的理解是准确的。如果领导者不注意这两个方面，那么误会和误解很容易发生。我不止一次地看到两个都非常成熟聪明的人，在一次谈话后，对于所谈的内容的理解却完全不是一回事。

这种现象其实屡见不鲜。我想起了小孩子常玩的传话游戏，话传到最后一个人的时候，原来说的那句话常常已经面目全非，孩子们此时就会哈哈大笑起来。但是，如果同样的事情发生在公司里，那就不好笑了，因为一个失误可能会导致数百万美元的损失。在建立信任的过程中，领导者都会格外注意清晰在沟通中的重要性。

一致性

最后，信任的建立也离不开一致性。信任不是一蹴而就的，而是要在工作中不断地被印证。领导者如果说话随便，或者是无故地发火，都会降低甚至破坏别人对自己的信任。只有当领导者在工作谈话中不断地传达出清晰的目标、信息，并做到言出必行，才有可能在企业中建立信任。

卓越领导者总会不厌其烦地重复一个重要的信息，如公司的某个愿景、某个故事或者某种态度，就像和尚念经一样。这样做的目的就是要确保每一个人都记住应该记住的东西。湾州医疗系统（Baystate Health System）的马克·托洛斯基（Mark Tolosky）就是这样一位领导者。我就见过他在不同的场合不断重复某个重要的领导理念，而且他在很长时间内都这样做。最后，公司的员工也开始重复这个理念，因为连普通的员工也都能将这个理念铭记于心了。

有些领导者可能会忽视一致性的重要性。有时候他们的言行会有出入。比如，在公开场合，领导者可能会大张旗鼓地宣扬公司员工来自不同种族的重要性以及性别平等。但是，如果他私下里不小心开了一个跟种族有关的玩笑，或者参与某个员工的评估工作时给出了不公正的评价，那么他那些华丽动人的辞藻就不具有可信度了。领导者可能很难想象，关于他们言行不一的传闻会飞快地在公司流传，最终影响他们的可信度。卓越的领导者绝不会让这种事情有可乘之机，他们总是尽力让自己做到言行一致。

信任的原则

前面谈到了信任的四要素，不过，仅仅知道这四个要素还不足以回答"为什么信任很难建立""为什么我们常常轻易地就失去了别人的信任"这样的问题。

其实，问题的关键是人性。信任并不是人的本性，相反，人们会本能地去怀疑别人，尤其是他们不了解的人，而且信任也涉及人们的心理能力，有的人可能不具备信任别人的能力。比如，如果一个人在成长的环境中缺乏信任，或者遭受过虐待，那么他就很难去相信别人。当我们新加入一个团队，我们的本能是既不相信这个团队，也不相信自己的队友，同样他们也不会一开始就信任你。在适应新环境的过程中，你必须先处理各种事情，理清你自己的需求、看法等，而你的团队也需要时间信任你。

卓越领导者会努力建立信任，而且建立信任并非没有方法可循。比如，我们可以运用高效对话来建立信任，还有了解前面我们谈到的信任的四个要素也很重要。我们先来探讨一下为什么信任很难建立，而又那么容易失去。下面就是我总结的原因。

- 所有的信任几乎都源于承诺。这就是信任的第一个原则。

卓越领导者把履行承诺当成自己的座右铭。

- 信任要求清晰和一致性。卓越领导者会确保自己的承诺被正确地理解了，而且领导者应该在履行承诺的同时和下属保持很好的沟通，这样将有助于承诺的实现。

- 只有关心他人才能赢得忠诚。如果一位领导者能够做到言出必行，那么他就有可能获得员工的忠诚。但是，卓越领导者还会通过关心他人来强化这种忠诚。首先，这种关怀一定是要发自内心，否则，只会适得其反。

- 赢得信任首先要身体力行。一位能够获得他人信任的领导者总是能够身体力行，也就是做的事情符合自己的价值观。如果一个人说一套做一套，那么他肯定不能赢得他人的信任。如果一位领导者被下属发现他做事的方式与自己教导别人的那一套背道而驰时，那么即使他之前获得了别人的信任，也会在顷刻间失去这种信任。

- 完全的信任有赖于价值观的相互认同。决定信任或者是维持这种信任常取决于个人的价值观。如果人们能够共同认可一个价值体系，那么完全的信任就有可能建立。卓越领导者会本能地理解这一点。所以，他们会在自己的周围建立起一个具有共同世界观的团队，然后在有机会的时候进一步加强这种默契，赢得大家的信任。

当我们很好地理解了信任的原则，以及各种要素之间的关系后，就可以致力于信任的建立了。高效对话其实就是建立信任的最佳工具。首先，它可以帮助你清晰地传达自己的信息和目标，表达自己对他人的关心，然后通过行动来履行自己的目标，下一步是找寻合适的机会来加强与别人的交流，增强认同感。不过在建立信任时，我们也要理解信任的不同层次。

信任的不同层次

信任分成不同的层次，这一点很容易为人所理解。我们的语言当中已经包含了形容不同层次信任的词汇。比如我们会说："我基本信任他。""我完全信任他。""他去哪儿，我就跟着他去哪儿。"我个人认为信任可以分为守信、忠诚、信念三个层次（见图6-2）。每个层次都有其各自的衡量标准、行为表现和结果，而每一个层次和其相邻的层次都息息相关。

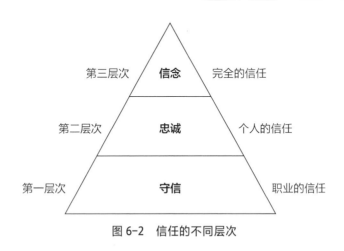

图 6-2　信任的不同层次

信任的层次不同，各种表征也不相同。但是，有些公司可能连第一个层次的信任都没能建立起来，那这样的公司就有麻烦了。当信任不存在的时候，这家公司就会有很多问题无法拿到桌面上来谈。团队合作也会阻碍重重，信息在企业内的流动也不顺畅，员工的信心和忠诚指数偏低，大家会感到有劲没处使。

每家企业的领导者所建立的信任情况也各不相同。比如，有些领导者管理很得力，但是主要依靠的不是信任。但是，如果一家企业要做得非常大，或者成为行业的翘楚，那么没有强大的信任和企业凝聚力是很难做到的。那些成就了非凡成绩的领导者，无一例外都赢得了员工极大的信任。卓越领导者会有意识地在公司里建立一种极强的凝聚力。

信任的第一层次：守信

第一层次的信任是守信。我喜欢把它称为职业信任。如果企业要获得很高的执行力，或者要将一段关系维系得很好，没有这个层次的信任是无法达到的。在公司的同一个层级上，如果大家都要按照计划完成一个既定的目标任务，那基本上这个层级的信任是可以做得到的。但是，能够真正做到守信或者建立职业信任的公司并不多，多半因为这些公司还没有意识到个人之间那种单纯的守信和企业之间职业信任的差别。

守信本身就是一种意志的体现。得普利提到要实现承诺就需要人们有自律性，说话清晰有条理。守信就是建立信任的开始，而不守诺言肯定会破坏信任。如果一家公司能够把兑现诺言看得很重，那么员工就会对领导者说的话和做的事有信心，反过来也会促进这家公司的信息流通，而且对决策和执行都会起到积极的作用。

一家建立起职业信任的公司会非常有效率、有条理，而且会让员工乐于成为其中的一员，员工也容易配合公司的流程执行到位。生产力和效率在这样的公司里是自然而然的事情。总之，如果一家公司能够获得第一层次的信任已经很不错了。

信任的第二层次：忠诚

如果企业能够建立第二层次的信任，工作就会做得更出色。我把第二层次的信任称为**忠诚**，它的基础就是守信，是在职业信任基础上获得的进一步的信任。如果这家公司的领导者在守信的基础上建立一种员工间互相关爱的气氛，那么企业就有可能收获忠诚———一种更高层次的信任。因为忠诚常常是员工个人的决定，所以我喜欢把这个层次的信任称为个人信任。有一点需要注意的是，公司取得第二层次的信任不是一蹴而就的，而是基于第一层次的信任逐渐获得的。一家公司只有在已经建立了职业信任之后，才能通过注入关怀收获员工的这种个人信任。

对于员工来说，能够在一家自己忠诚的企业工作是具有重大意义的，因为这是他们能得到关爱的地方。公司就像一个大家庭，大家互相关心，只有在这样的环境里，大家才会无私地奉献出自己。

信任的第三层次：信念

第三层次的信任是最高级别的信任，我称之为完全的信任。这种信任较之忠诚又前进了一步。确切地说，第三层次的信任是一种信念，也就是能够，也愿意按照既定的信念去工作行事。要想建立这种层次的信任，双方一定要有类似的价值观、目标和想法。完全信任一定是基于第一和第二层次的信任获得的。所以，我用下面的等式来定义第三层次的信任：

完全信任 = 守信 + 忠诚 + 共同的信念

如果一家公司能够建立完全信任，那么这家公司一定可以成就非凡的业绩。其实，我们只需观察周围那些伟大的公司就能看到一个共同之处：虽然公司非常民主，员工也思想活跃，但是大家对于公司的价值观和信念有着高度的认同感。比如苹果公司内部的 Mac 电脑团队。当时这个团队的成员认同的一个想法就是要在这个世界留下自己的痕迹。基于这样一个共同信念，他们一起努力，克服重重困难，终于研制出了不同凡响的电脑产品。史蒂夫·乔布斯虽然身为领导者常常被诟病，但是他的过人之处是能够在团队中建立一种完全信任，所以他能领导自己的团队齐心协力开创出一片崭新的世界。如果一个团队心怀同样的信念和梦想，没有什么目标是不可实现的。

霍华德·舒尔茨——星巴克创始人的故事

关于信任的例子，我们还可以参考星巴克公司创始人霍华德·舒尔茨的故事。由于星巴克的成功，身为星巴克公司董事长和首席执行官的舒尔茨已经成了 20 世纪顶级的创业家。他创业的初衷是想为工作的人们在家和单位之间找一个休憩之所，也正是基于这样一个理念，星巴克已经遍布全球了。星巴克已经成了一家成功的超级公司，但是让舒尔茨与众不同的是他非凡的领导能力。他是那种可以通过自己的言行来赢得信任，并在自己领导的企业内建立极强凝聚力的领导者。舒尔茨不仅懂得如何激励员工，而且也通过自己的行动来证明自己言出必行。简而言之，舒尔茨非常注重企业信任的建立。

舒尔茨在纽约的布鲁克林区长大，出生于非常普通的家庭。在他所居住的那个小区，他可以接触到不同的家庭、商店，还有其他的小店。这段成长经历让他看到对待员工要秉持公正的态度，要尊重员工。舒尔茨小的时候，父亲失业了，家庭失去了经济保障。舒尔茨永远都忘不了那种家庭的耻辱，还有失业、得不到医疗和其他福利保障会给一个家庭所带来的痛苦，这使得舒尔茨坚信，当今社会的企业应该保证所有的员工都得到福利的保障。

舒尔茨最终创立了星巴克公司，他身体力行，尽力为自己的员工提供最好的福利。即使公司有的员工并不是每周工作 40 小时的长期员工，他也会确保这些员工得到应有的保障。在星巴克公司成立早期，舒尔茨会亲自和咖啡店经理、员工还有公司的管理团队谈话，确保这个制度得以实施。舒尔茨会一再重复他所承诺的事情。换句话说，他通过守信获得了员工第一层次的信任。

20 世纪 90 年代中期发生了一件可怕的事情，但是舒尔茨在这次事件过程中所表现出的关怀，让他进一步赢得了员工第二层次的信任。当时得克萨斯州的一家分店遭到抢劫，该店经理被无情地杀害了。舒尔茨对此次事件的反应超乎寻常地迅速——他自己马上包了一架飞机飞往得克萨斯。在该店关闭期间，他在现场待了好多天，跟员工见面，跟员工家属见面，跟他们谈话，给予他们支持，让人看到了他发自内心地对员工深深的关怀。这种关怀正是卓越领导者能够赢得员工第二层次信任的关键。舒尔茨所做的还远不只是精神上的关怀。他为那个失去父亲的家庭建立了一个基金，即用得克萨斯州的这家分店所得利润来资助这个家庭，支付孩子们的教育费用，以纪念那位丧生的经理。

我们再来看看舒尔茨所做的一切。首先，当他得知了得克萨斯州这家分店发生的事情后，在第一时间赶到了现场，而不是在第二天或者一周之后。他亲自会见该店的员工及员工家属，解答他们的问题，给予他们支持。他要确保每个人都能从他那儿感受到最深切的关怀。而且，他也尽力从各方面弥补了那个不幸家庭的损失。他所做的一切都明白无误地向世人展示出他对员工的关怀，他在履行自己的承诺和义务。在这次悲剧发生之前，他就在各种讲话和行为中体现出他对员工的关怀，并通过身体力行赢得了员工第一层次的信任，现在他又通过传达关怀赢得了员工第二层次的信任。

当然，舒尔茨并不是天使（他自己会第一个站起来承认这一点）。在面对竞争时，他是一个当仁不让的强者。但是，当我着手研究星巴克的成功之处时，我不禁会被舒尔茨所表现出来的灵活、果断、团体意识所折服。星巴克公司的经营模式本质上是连锁加盟店，它的成功和很多其他的因素有关，比如战略、重点、动力、创新和程序化的工作流程等。但是，最重要的一点是这是一个建立了信任的团队。

试想一下，如果星巴克不是一个建立了坚定信任的团队，或者舒尔茨没有在企业管理中注入那种传统温馨的邻家小店的经营理念，那星巴克很可能不会取得如此大的成功。

信任的破坏

信任就像一个斜坡，正如得普利所说，建立信任费时费力，但是失去信任却轻而易举。

很多时候，信任是在不经意间被破坏的。有人可能认为是公司的哪个坏蛋有意破坏团结和信任，但是事实并非如此。很多时候，信任的流失源自领导者缺乏清晰的沟通能力和自律性。很多时候，在说和做之间存在着一条模糊的灰色地带，这是一种很难说得清但的确存在的模糊性。这条灰色地带最容易让人们产生误解，而且也正是这个灰色地带使得人们对于目标、任务和行动等有着不同的理解。

有时候，领导者制定一个无法完成的目标会侵蚀员工的信任。我们建立信任的方法也可能会存在问题。比如一位前来咨询的副总裁曾这样告诉我："我一开始对每一个人都是完全相信的，就好像我给他们都打 100 分。如果他们随后让我失望，我就会从这 100 分中逐渐扣分。"这位副总裁的方法的依据就是错的，因为建立信任不应该用减法，而应该用加法。一开始毫无依据地信任别人，然后逐渐降低对他人的信任，这与建立信任之道完全背道而驰。建立信任应该是从 0 开始，逐渐加到 100 分才对。因为信任本来就是要假以时日才能建立起来的，而且要互相坦诚相见，共同履行自己的承诺。但是，高效对话可以加速建立信任的进程，因为通过高效对话，双方才能开诚布公、互相支持。

另一个破坏信任的杀手是丹尼尔·格尔曼所描述的"瞬间的情绪爆发"，特指人们在特定的环境下产生的一种过激的情绪反应。突然地发火其实是低情商的表现，对于信任具有极强的破坏力。我前面也说过，伪装可能会蒙蔽他人一时，但是不久就会被别人识破，那些观察力强的人也很容易觉察到真相。例如在人后说三道四（或者不同的场合表现不一致），都会降低别人对你的信任。

最后，我们应该看到，信任的程度也会随着时间起伏。有时候你觉得好像信任遭到了破坏，但是可能只是信任的程度发生了变化。其实，在公司、团队和家庭中，我们也能观察到信任的起伏变化。人们的需求、任务、信念、行动都是一个复杂的变化体，这些因素的变化会使信任也随之变化。我常常帮助客户分析他们公司的领导团队中存在的问题，其实，问题很多时候都是源于我刚才说的信任的变化起伏。因此，我们更应该重视高效对话，因为高效对话能够记录下实际情况、采取的行动步骤，还有各自的责任。

重建信任

图 6–3 可以帮助你衡量信任破坏的程度。我把这个图称为痛苦大道。通过这个图，大家可以看到破坏信任的原因，以及随之可能出现的个人情绪的变化。在痛苦大道上越走越远，则表示重建信任的难度就越来越大。

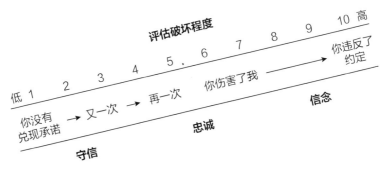

图 6-3 痛苦大道——评估信任的破坏

重建信任是一个漫长而费力的过程。不过，我们可以运用高效对话来加速这个过程。如同在沟通遭遇困境时，我们应该勇于承认信任遭到破坏的事实，并积极面对它所带来的危害。通过使用困境中的对话策略，失去信任的各方可以不计前嫌，看向未来。接下来，交流目前各自的新需求、看法和下一步的任务。清晰地交流是迈向重建信任的第一步。

在修复信任的阶段，要注意重新定义责任。因为之前出现了信任危机，所以大家对于新制定的任务很自然地抱有怀疑的态度。此时，一定要把这种情绪挑明，并承认过去在执行任务的过程中出现的问题，这才是建立职业信任的良好开端。重建信任不可忽略的一步就是要制定任务，并在此基础上进行高效对话。

07 CHAPTER

设计变革蓝图，让沟通更顺畅

高效对话是实现变革的重要手段，具体来说是通过加强了解学习和促成行动步骤来实现变革。卓越领导者认为通过高效对话能实现沟通、传达，保证企业组织实现变革，因此高效对话是促成变革的利器。

发起变革并取得成效是领导者的职责所在。引导整个组织的变革是一项浩大的工程，领导者在此期间传达的信息和进行的互动必须具有战略性、高效性和针对性。在面临此类挑战的时候，卓越领导者会根据整体进程来改变计划，有意识地、慎重地运用高效对话。这些都是卓越领导者行动的核心，也是优秀的组织成功的关键。

在这一章中，我们会讨论一位卓越领导者是如何设计变革蓝图，并有效地传达给相关人员的。我把这个规划和过程称为变革议程。在下一章中，我们将谈一下卓越领导者怎样借助被称为坚定拥护者的员工来传播信息决策，并取得广泛有效的连锁效应。当领导者的策略方针经坚定的拥护者推广，成为员工思考、谈吐、行动的一部分后，变革就得以实现。

沟通路径和工作流程

任何组织都具有常人难以想象的复杂性。设想一下，繁杂的人员、让人眼花缭乱的职责以及日常事务，想想董事长、副总裁和分管各部门的主管，比如营销、财务、运营、研发经理们，再想想他们的工作、角色、责任是如何相互作用，最终实现企业组织的产出的。即使你成功地绘制出一幅工作流程和职能图，其中有清晰的线条连接各个方框和三角形，也仍难以做到准确反映组织运行的繁复程度。所有试图追踪真正的工作流程的努力最终都将止于一堆杂乱的线条，无功而返。

让我觉得最不可思议的一点是，没有两个组织是相似的。每个组织，如同国家和部落，都有各自的特点、习俗、规则、信条和公认的行为模式，也就是组织文化。如果把一个人从原来的组织转移到另外一个组织，那此人很有可能会适应并接受新环境的习惯、表达方式，甚至思维模式。

现在试想一下，你是一位领导者，你的组织需要进行深刻、持久的转型。借助系统的指挥链和沟通渠道，你会了解到，现实中的组织运行和沟通要比自己想象的复杂得多。事实上，身为领导者，你高高在上，在这样的情形下你是无法看到组织基层真正的沟通状况的。你会听到来自四面八方的声音，甚至是噪声——内部的、外部的，沿着组织构架传递到你耳中的声音，还有从电子邮件、备忘录和会议中发出的声音。这些声音交织在一起，使你很难辨别清楚。同样，你也无法保证将正确的信息传达给了正确的人。

卓越领导者之所以能在众多领导者中脱颖而出，是因为其虽身处复杂的企业组织中，却能成功塑造企业文化，实现公司业绩。卓越领导者针对不同的对象会实施相应的高效对话策略。下面，我们就来看看组织文化的本质，以及高效对话在变革中所发挥的作用。

对话和组织文化

在组织文化方面，有一种思想认为一个组织的文化产生自其内部进行的错综复杂的对话。我在和众多高级领导者共事时观察到，虽然他们都经验丰富、慎重周到，各自具有鲜明的性格特点，但他们的沟通却有共同之处，即在沟通过程中找到相互认同的沟通方式和互相理解的沟通语言。进一步说，那些成功的领导者所提出的设想、价值和目标更能为大众所理解和认同。而这一点正是卓越领导者成功的关键。

杰弗里·D. 福特（Jeffrey D. Ford）和劳里·W. 福特（Laurie W. Ford）1995 年在《管理学评论》（*Academy of Management Review*）发表了题为"对话在组织进行有意识变革中的作用"（The Role of Conversations in Producing Intentional Change in Organizations）的文章，进一步帮助我们理解对话的作用。和其他相关研究成果相同，福特的证据表明，所有的口头语言都包括叙述和行为性，即都是由语言和行为构成，语言行为又是行动和语言结合的体现。这些语言只有在说出之后才会产生社会事实。换言之，文化源于对话，改变行为本身的基础和原动力是语言，它随着有意识的交流产生有意识的改变。

本书的主旨之一是卓越领导者能够有针对性地运用高效对话，并最终促成变革。我把这些过程称为高效对话，并相信它们对组织的影响将是深远的。企业信任的建立是通过言行一致，以及言行一致所带来的信任的加深来实现的。而信任的加深又进一步为更有效的对话和更多的变革奠定良好的基础，使它们进展得更快、更有效。最终结果是更有效的交流、更深的信任和更强的变革能力。

有目的、有策略地运用高效对话能够提高组织进行有意识的、渐进的、持久的变革的可能性。卓越领导者可依据变革议程来促成这些结果。

变革议程

变革议程是一个有意识的、系统性的转变方式。它提供的框架把行动计划从远景和使命落实到共同语言和行动的现实层面。遗憾的是，许多组织及其领导者能够传达一个远景或使命，却很少有人能成功迈出关键的下一步，即将愿景变为现实。变革议程可作为通往变革的途径，通过制定沟通策略，指出变革发生所需的路径和步骤，进而实现目标。当计划图设置好后，就可通过一系列的高效对话来实现变革。

变革议程要求在企业组织中忽略那种等级森严的传统沟通模式。为了促进交流和改进，领导者不会站在权力金字塔的顶端，居高临下，而是作为一名自由的参与者，在组织最需要的时候参与高效对话，并站在最容易接受和最有成效的角度去影响组织。卓越领导者制定出变革议程，是为了有目的地运用高效对话，对企业产生长期或短期的积极影响。通过高效对话，领导者能够引导一个组织从规划远景的战略过渡到可操作的实际行动。

和其他致力于研究组织效率的人一样，我常常看到有人试图在企业中进行改革，却中途受阻或者最终无功而返。推进变革是一个艰难、无常、反复、庞大和不可预测的过程。然而，有了变革议程，领导者可以快速地看到变革成效。在过去几年中，我有幸帮助几位不同的领导者制定变革议程。下面我将和大家说说其中的一个案例，看看这个企业是如何在五年中将变革的构想、计划变成动力和成绩的。

杰夫·奥滕和布里格姆妇女医院

1994年，坐落在波士顿的布里格姆妇女医院（BWH）是世界上最好的医疗学术机构之一，当时医院正在酝酿一次变革。BWH总裁杰夫·奥滕清醒地认识到，要让BWH继续保持长久的成功，就不能满足于已取得的成就，而全球卫生和医疗技术的快速发展不容任何人被动等待。

杰夫知道BWH的巨大成功带来的自满会让此次变革变得困难重重。因此，他采取了一连串果断的行动，比如了解怎样在一个组织中实施变革；怎样在促进变革的过程中传承组织文化；领导者和经理们怎样最有效地构想、交流和推行变革。我有幸和他一道制定并且一步步实施了最终的变革议程。这次经历让我们懂得了如何运用高效对话并如何在被哈佛商学院罗莎贝斯·莫斯·坎特（Rosabeth Moss Kanter）教授称为变革适应型组织的创建中扮演信任的角色。

我还是从头开始说吧。虽然高效对话这个概念是我介绍给杰夫的，但在这个问题上，我从他身上学到的远比他从我这里学到的多。和所有杰出的领导者一样，杰夫立即就认识到高效对话的价值以及这对于他酝酿中的变革议程的重要性。除此之外，他卓越的领导禀赋足以媲美他高超的管理技能。在执行力方面，杰夫也具有超群的能力。这一点相当重要，因为如果无法实施，那再好的计划又有什么用呢？杰夫和其他卓越领导者一样，既有梦想家的敏锐远见，又有让梦想成真的执行力。杰夫知道在实际中如何开展工作。

1994 年，杰夫要做的是依据一份清晰明了的战略方案来构建一个操作平台。BWH 需要加强学习能力，从而在高端医疗实践和技术行业保持领先地位，并在财务上有着严明的纪律，以便在医疗市场的残酷竞争中实现利益最大化。杰夫也明白这两个紧密联系的目标必须严格符合 BWH 的使命和价值观，因为只有这样，这次变革才能得到医护人员和财务经理的支持。毕竟，这些人为了推进医疗卫生的发展，在自己的工作中已倾注了极大的热情和精力。

从个人层面讲，杰夫懂得他必须持续、连贯地传达他的信息来强化变革的思想，并通过一系列高效对话来让组织成员实践这些信条。

领导者在变革议程中的角色

直到今天，杰夫还坚持认为在成功的变革议程中，领导者的角色是无比重要的。他赞扬他的员工，说他们才是使计划真正得以实现的功臣。当然，杰夫过于自谦了，他在其中扮演的多重角色，比如激励和推进的作用，同样不可或缺。

下面我以杰夫为例，向大家展示卓越领导者在达成目标和实施变革议程的过程中所彰显出来的优秀品质。

- **他们花时间和员工相处，倾听来自组织各阶层的声音。**很多次，我看到杰夫穿着白大褂，在医院里和员工交谈。他们中有病人、医生、护士、医疗助理、职工、厨房工作人员，以及其他和 BWH 相关的人。他走近人群，换句话说，他走近真正做实事的人；他并没有在医院的行政和财务方面花费过多的精力，因为这些工作可以按照既定的程序来完成。

- **他们直率且富有爱心。**我从杰夫身上学到，关怀并不意味着谨小慎微，多愁善感。他说话实事求是，用最易被接受的语言传达他的信息。在整个计划的实施过程中，他对员工有清晰的要求，对自己的责任也毫不含糊。

- **他们言出必行。**一些卓越领导者会把他们的责任认真地写下来并一一履行，杰夫就是其中之一。在计划实施的过程中，公司所有员工都知道，杰夫许下的承诺一定会兑现。

- **他们不会让行动计划压垮员工。**尽管杰夫自己对整个计划了然于胸，但却不会要求每个员工都面面俱到，把他们弄得云里雾里的。相反，他会根据不同人的工作让他们投身计划的不同方面，并且在他们取得成绩的时候及时给予鼓励。

- **他们能够海纳百川。**杰夫接受分歧，尊重不同的声音。在变革议程的实施过程中，他不仅愿意接受反对的意见，还能在适当的时候根据自己掌握的实际情况和信息调整其决定和行动。

在这五个因素中，有一条贯穿始终的主线，那就是他们愿意并且能够持续学习。像所有卓越领导者一样，杰夫·奥滕是一个不断学习的人。他似乎一直在探索新的信息和数据。他的学识极其渊博，了解组织内的各个团体。他和各团体的关键人物都建立了良好的关系，关心他们，热心地给予他们所需的帮助，并促成他们的成功。

制定变革议程的步骤

既然我们已经抓住了杰夫·奥滕的领导术策略精髓，那让我们再来看一下他是怎样推动议程实施的。这里有五个具体的步骤，你可以遵照这些步骤来推进自己的变革议程。

- **第一步：通过设立一个大目标并清晰地定义每一个小目标来制定一份变革议程。**在你具体的小目标中，可能包括把成本降低到某个数值，或者把质量提高到某个标准。先不管细枝末节，你要保证自己的目标是清晰可行的。在确定它们的时候不要好高骛远。
- **第二步：高级领导团队的核心任务是对变革议程的结构进行定义和微调。**在宏观层面要实现规划，需要什么样的工作小组、委员会，要召开什么样的会议，开展哪些具体的项目，要有什么动议等。杰夫组建了一个高管团队来完善变革议程的结构。你的高管团队必须描绘出一幅精确的蓝图，以确保每一个环节到位，从而实现变革，达成目标。

- **第三步：对各级经理的工作重心进行整体规划并制定具体目标。** 微观层面要解决的问题是怎样实施变革。杰夫使组织上下的经理们肩负起监督计划实施的责任。在这一步骤中，直接与"战壕"中战斗的第一线员工打交道的经理们是关键角色。高管们以具体行动步骤的方式来传达总体规划的每个具体目标。这个时候，你可以运用高效对话。

- **第四步：建立一个学习机制。** 我参与过的每一次成功的变革都离不开学习和摒弃。杰夫意识到他的变革议程必须把焦点对准核心竞争力。核心竞争力是企业技术发展的引擎。为此，他知道自己的变革议程需要一个学习机制来培养这些竞争力。因此你也要保证你的变革议程的关注重心是核心竞争力。这样一来，你就能确保整个组织源源不断地获得那些让你们在市场上脱颖而出的关键信息。

- **第五步：实施特定的关键计划时，坚定的拥护者可以派上用场。** 即使有正确的规划、构架、行动步骤和学习机制，如果没有一支热情参与的团队，执行变革议程还是会出差错。为此，你要确保获得坚定的拥护者的支持（在下一章中我们会进行更全面的讨论）。他们是变革的推动者。因为深知其必要性，他们会努力改变组织的上上下下；更为重要的一点是，他们可以确保变革能在那些细小而又关键的角落得到落实。在 BWH，坚定的拥护者包括护士、营利性质的卫生所、医疗研究中心、可以进行心脏手术的高级诊所等。你必须发掘组织中那些被称为坚定的拥护者的员工，获得他们的支持，让他们帮助实施变革议程。

因此，杰夫在谈变革议程成功的经验时，提到了三个团队：（1）高层领导者——构建变革框架；（2）经验丰富的经理——把时间表和商业体系、流程联系起来；（3）坚定的拥护者——推动变革的进程。这三个团队之间可以很自然地互动。正是这种相互协作，杰夫·奥滕才实现了他的行动计划。

同样，他运用高效对话与这些团队中的成员进行沟通，确保他们各司其职。其他的高层领导者也通过高效对话推进变革议程的实施。经理们在组织的各个级别也通过高效对话让员工充满士气，进一步推进变革议程的实施。这一切都直接调动和激发了坚定的拥护者的工作积极性，他们也通过高效对话以最有效的方式最终促成计划的实现。

可实现性、可信度和通用性

杰夫和我定义了一个三步流程，我们称它们为可实现性、可信度和通用性。我觉得用这三个词来形容一个变革计划的不同阶段是易于理解且十分恰当的。

一旦设想出一个方案，卓越领导者就要开始引导自己的团队来商定怎样让它成为现实。这样做就使得变革议程有了可实现性。这里要强调的一个重点是，在这个阶段要明确制定出具体、可达成的结果，而非不可量化的模糊的目标。有一个办法可以参考，那就是先制定公司的远景目标以及未来公司的规模状态，然后再通过具体的步骤来一步步实现公司的远期目标。当每个具体的步骤确定后，结果也就清晰可见了。这个过程也可保证变革议程的连续性。

接下来是得到组织上下关键人物的支持和承诺，只有这样方能保证变革议程具有可信度。开始时可以先和支持变革的员工进行高效对话，让他们相信变革方案是恰当且必要的。事实上，在整个组织内传达变革信息最好的方法是通过在"战壕"里工作的一线员工的声音。

最后也是最重要的一点就是，让组织内部的所有人都接受和拥护变革方案。一种衡量通用性的有效方法就是和生产一线的员工进行谈话。如果领导者的信息能从他们的话语里反映出来，说明方案已经具有通用性。比如，一位领导者说："我们要在我们服务的每个市场都保持数一数二的地位。"之后你就听到整个组织都在用不同的方式重复这个信息。此时，一个目标计划就不再只属于领导者一个人，而是属于企业组织的所有员工。这一点很重要，因为员工才是变革议程的主人，是他们让目标成为现实。

领导者和管理者

要领会怎样在组织内传达变革信息，我们首先要区分领导者和管理者之间的差别。这种差别最终可归结于一条：是制定远景目标还是具体实施目标。

　　杰夫·奥滕说他的变革议程成功的一个关键因素是管理者的力量。杰夫注意到没有得力的管理者，领导者再好也是不足以实现变革的。要成功地实施变革计划，领导者和管理者必须相辅相成。

　　这二者间的区别到底是什么呢？我们都认识一些人，他们不是领导者，却扮演着领导者的角色。我们很容易就能想到很多符合这种描述的人：政治家、首席执行官和各种团队的队长。同时，我们也很容易就能想到另一些人，尽管他们并不担任领导者的角色，却显示出了领导者的素养；还有一些领导者发挥出了惊人的管理才干；还有一些管理者，尽管他们的管理能力欠佳，但却有不错的领导才能。关键在于，领导者和管理者之间的界线常常被混淆了。抛开头衔和职位，一个人既可以是领导者，也可以是管理者；可以两者都是，也可以两者都不是。

　　领导者和管理者之间的差别常常在执行任务或者开展工作时显现出来。管理者通常在产出环节工作，当然也包括跟产出相关的整个工作流程。对管理者来说，项目管理的任务包括设定工作步骤和机制、制定进度表、组织、报告，比如确定工作职责范畴、工作流程图、人力资源管理。当接手了一个具体的项目，管理者就要说出这项工作的具体细节，做出相应的绩效承诺，明确每一项具体的任务，还要规划出一系列的流程，把完成工作所需的每一个具体步骤连接起来。管理者的职责是精细地控制整个项目的所有环节，在设定的参数内开展工作，确保生产出应交付的产品，并努力创造一个积极、高效的工作环境。

领导者的工作则与此不同，其职责是游离在方案的具体实施之外的。领导者为当前存在或可能出现的问题寻找更好的解决方式，预见和消除障碍，从盘根错节中开出一条出路来。领导者就像一位伟大的雕塑家，能从一块粗糙的大理石中看出一个隐藏的人形。他把创造的过程视为对某个物体内在能力的释放。如雕塑家细心地对石头进行雕琢，直到尽显其美。和过去相比，今天的工作更复杂、更模糊，因此，现在比以往任何时候都需要能把自己的构想传达给周围的人的领导者。

领导者和管理者对结构、职责和界限有不同的处理方式。由于管理者的工作性质，他们需要确定的步骤来描述具体职责，必须以非常有条理、清晰的方式来运行、操作、执行；而领导者则需要跨界工作，打破人为界限，发现并联系各种协同力，通过组织内外的正常渠道进行交流。卓越领导者在最合适的地点、最合适的时间与组织里最关键的人物进行高效对话，并从这种灵活性中获益。

然而，高效对话并不仅仅是领导者的特权，也是管理者成功的决定性因素。但是领导者和管理者对高效对话的运用有一个重要的区别。管理者实施高效对话的重心是如何更好、更快、更有效地完成工作，并因地制宜地进行对话。

而领导者的高效对话的范围更广。领导者更多关注的是建立信任、指出大方向、增强信心和做出承诺。有时候，领导者进行的高效对话和管理者进行的高效对话之间的区别会有些模糊，但是，清晰地划出二者的界限，至少从理论上区分，对更好地区分领导者和管理者的职责，以及开展高效对话是非常有益的。

坚定的拥护者

杰夫·奥滕在其变革议程的第五步中一再强调，要保证坚定的拥护者在促使变革实现的过程中起到关键作用。在下一章中，我们会详细阐述卓越领导者怎样发现和部署坚定的拥护者。但是，鉴于我们马上要讨论的话题，我想现在先下一个定义：一个坚定的拥护者是一个组织中的变革因子，其个人使命就是实现那些和变革相关联的具体目标，帮助组织实现目标。

这是一群能应变的人，他们能轻松地适应变革，并且运转自如。更重要的是，他们拥护变革，变革让他们的斗志愈发昂扬。当接手一项与变革有关的任务，或者被赋予权力创造变革的时候，他们会把变革当成个人的使命来完成，从而帮助组织最终实现变革。

设想一下，在实施整个变革战略的过程中，如果能得到组织中相关人员的支持，无论他们的头衔和职责是什么，这些人的支持无疑会给领导者增加不少底气。任何成功的变革方案在实施中都会有支持者的身影。杰夫的做法是用规范的方式准确定义谁是组织中的坚定的拥护者，然后制订一份计划使他们加入进来。在这个过程中，他运用高效对话来进行必要的联系，为坚定的拥护者提供帮助。

换句话说，为了最大限度地实现目标，杰夫制定了一套规范，并成功地在短短五年内实现了组织转型。那么你在面临变革停滞不前的时候，又该如何呢？发现、联系、利用坚定的拥护者不啻为重要的推进器。

有目的的高效对话：瞄准变革

高层领导者面前也许只有一份直接下属人员的名单，接下来如何和这份名单上的下属展开集中、有针对性、有计划的高效对话是工作成功的关键。变革过程的每一天都会涉及许多人，也会有大量问题出现。但领导者一天的工作时间有限，能进行的高效对话也很有限。

美国卡夫食品公司的艾琳·科比就是一位能认识到选择正确目标和正确地点的重要性的领导者。艾琳通过利用高效对话使她的团队完成了转型。然而在开始的时候，她发现自己进行的高效对话并不奏效，直到她懂得要把高效对话瞄准关键目标这一准则后，事情才出现了转机。

艾琳的经历让我想起 1975 年我和哈利·罗贝尔（Harry Loebal）的一次讨论。哈利当时是雷神公司的总裁。他说："我70% 的时间都花在了不成事的人身上。所有的麻烦都出自那些连自己的问题都处理不好的人。"在和来自各个领域的高层领导者交谈的过程中，我频繁地听到了同一种抱怨："问题员工使我陷入困境。"

然而，领导者的任务不就是解决问题吗？我的建议是，领导者的职责是使一个组织向前发展，而管理人员的工作才应该是解决问题，让组织不偏离轨道。因此，领导者的职责不应该包括与"问题人群"沟通。相反，领导者的时间应该给那些对组织的整体行动计划做出贡献的人，调动他们的积极性，让他们朝着企业战略目标指向的方向努力。

艾琳和我探讨了这种情况，并且以此为起点进行研究，因此她对管理者和领导者之间的微妙差异有了更深的理解。她意识到她不必和每一个与改革方案相关的人进行对话，因为这不仅耗时耗力，牵扯面过广，而且收效甚微。卓越领导者知道如何有效利用每一次高效对话。

艾琳能力超强，她很快理解了领导者如何才能更有效地开展工作。她知道只有在一个具体项目的开展过程中，她才需要行使一个管理者的职责，同时进行以管理为核心的高效对话。而领导者的角色要求她跨过传统的部门界限直接和那些最有能力、对项目实施负主要责任的坚定的拥护者交流。

最后的结论是，无论你是一位管理者，还是高层领导者，或是身兼二职，都只有通过缓慢的积累才能有效实施高效对话，并见到成效。如果按每年 250 个工作日来算，每天进行 2 ~ 4 次的高效对话，一年就有 500 ~ 1000 次有效的交流，想想这会产生多大的成效！如果一年中我们能那么多次通过高效对话加快议程、加强学习、巩固关系，作为领导者的我们就能够沉着应对工作中的挑战，从容解决大部分问题了。

抛开指挥链，做一个自由人

杰夫·奥滕发现，领导者用绕过、跳过和跨过指挥链的方式和坚定的拥护者进行高效对话，效果会好得多。杰夫成功的原因是他与组织中的坚定的拥护者交流时都不是通过指挥链，而是直接交流。在特定的日子，杰夫会会见医学机构的主席、各个诊所的负责人以及450位管理者中的某一位。但杰夫认为，对话效果最好的是他和坚定的拥护者的互动交流。

通过跨越各种形式上的界限，有意识地为高效对话寻找目标，卓越领导者能够对此施加最大影响。领导者实施变革议程的关键在于把精力投给那些具有高回报的对象。这不是指高效对话只能在传统的指挥链之外进行，因为这显然与事实相悖。重点是，高效对话不应该受到结构、层级或指挥链的限制。遗憾的是，领导者充当自由基的情况在现实中并不多见。人们更习惯用链条方式进行交流，或是用正式的方式与人联系。然而，无论这样的沟通渠道设置得如何合乎逻辑，也未必能保证沟通总是畅通有效。

在实施变革议程时，如果领导者能把高效对话的目标对准坚定的拥护者，那么通过这些忠诚的员工能产生领导者希望看到的最佳效果。优秀的企业组织会有意识地运用这个沟通渠道。在加利福尼亚圣何塞的思科系统公司，高层领导者花大量时间与公司坚定的拥护者交谈是他们每天必做的功课。思科和其他类似企业组织中的高级领导者拥有这种谈话的便利和自由。

通常，组织中的那些高层领导者本有更多的机会与从事具体工作的员工进行直接的高效对话。然而，实际工作中有太多的领导者与流程严重脱节。这主要归咎于一个广受认同的观点：高层领导者仅仅需要与比自己低一级别的领导层保持良好互动即可。这种设限其实没有必要，那些卓越领导者常常愿意花尽可能多的时间与组织中干实事的员工保持直接联系，他们绝不允许自己被圈在一个设定的小范围内。设想一下，如果企业领导者越过组织中的各种界限，把组织的各级领导者作为一个团队来调动，对负责各个项目、产品、工程的坚定的拥护者施加影响，同时运用高效对话来讨论目标、战略以及探讨让企业更好的方式，这样的沟通必然会产生积极效果，促进企业实现基本或者特定的目标。

当今的领导者面临的问题是努力推进变革议程，并让它成为整个组织的关注焦点。只有当组织拥有一群能推动变革的管理人员，发掘一群能推广变革计划的坚定的拥护者，领导者才能最终实现变革的目标。正如杰夫·奥滕在其变革议程的第四步所说的那样，把一种概念灌输给企业组织的每一个成员，形成一种持续、有针对性、受规范约束的变革模式，从而不断地提高组织的效率。这种模式成功的关键因素就是有计划、有规则地运用高效对话。

CHAPTER 08

寻找坚定的拥护者

　　领导者在工作中通常会深刻地体会到一个道理：独木不成林。在前一章中，我们着重讨论了系统性、战略性以及有针对性地运用高效对话来实施变革议程。坚定的拥护者是联结推动变革议程实施的纽带。他们协助领导者推进变革，确保组织各个环节有效地实施改变，达成变革议程所设定的目标。他们让组织成员依照变革方案，把可行性转变为真正的现实。

　　在这一章中，我们将更详细地探讨谁是坚定的拥护者、怎样识别他们，以及怎样做到将组织紧迫的任务和变革议程的目标结合起来。坚定的拥护者拥护变革，并愿意承担责任，这种特点往往让他们鹤立鸡群，并成为实现变革议程、组织转型的关键力量。

谁是坚定的拥护者

我们在上一章中描述过，坚定的拥护者的个人使命就是促成那些和变革相关的具体目标，成功实现企业转型。坚定的拥护者通常具有以下几个特点。

- 他们热情很高、极其专注，且自律性很强。
- 他们在组织内部深得信任，为了完成某个特定的任务可以尽心尽责。
- 他们虽然不是蓝图的描绘者，却能一览全局。
- 他们也许不是组织里的思想家，却常常有不错的洞察力。
- 他们关注的是成果。
- 他们是组织行动的驱动力，能够创造持续的动力。
- 他们可能内向也可能外向（性格无关紧要）。
- 他们完全不能容忍自己没能实现目标的结果。

坚定的拥护者乐于去做排除万难、迎接挑战的工作。他们能在价值观允许的范围内不计代价地达成目标。为了实现目标，他们会做很少有人愿意去做的事。消极的一面是，如果一个组织不愿意支持他们的个人规划，或者不能让他们感到自己的规划和领导者的议程相一致，他们就会离开组织。但是如果能合理地利用他们的热忱，坚定的拥护者对一个组织会产生非常积极的效应：无论他们在为一个什么样的目标而努力，他们都有能力让其他人对实现目标的重要性深信不疑。

　　我一直都在不遗余力地向领导者灌输坚定的拥护者的概念。往往只要几秒钟，他们就能想到组织里几个能被称为坚定的拥护者的成员。卓越领导者认识到，发现并妥善利用这些人，对于实现他们的整体规划和目标不但是必要的，而且是大有益处的。为了实现最大的战略目标，利用坚定的拥护者是一个明智而又显而易见的做法。

　　在这个过程中，领导者将遇到的困难是让坚定的拥护者保持专注和忠诚。也就是说，坚定的拥护者不仅要对直接参与的工作保持专注，同时要关注整个组织的变革议程的推进实施。坚定的拥护者生来就叛逆且不合群，他们天生就认为自己的事更重要。这样就不难理解为什么他们的个人使命常常与组织的议程相冲突了。他们是富有创新精神、崇尚思想自由的一群人，如果不加以控制，他们会对组织的变革和发展产生破坏性的影响，而不是建设性的贡献。

　　卓越领导者能利用高效对话把坚定的拥护者和变革议程联系起来，这也是在组织中实现变革的关键。

授权与招募拥护者

　　从传统意义上看，让坚定的拥护者们参与计划并不等同于授权。"授权"这个概念如今常常被滥用和误用。由于它和组织实际运行不同，作为一个概念，授权常常受到像《呆伯特》这样的连环画的嘲弄和无伤大雅的讽刺。如果你说赋予人们权力，理论上来讲还不错，但实际上，我认识的大部分领导者都不大情愿将太多的控制权拱手相让，因为这样会使他们的计划面临风险。领导者的这种担忧是不无道理的，因为如果放任这些坚定的拥护者，他们就会只顾着实现自己的目标，而非整个企业的目标。同时，他们的个人目标往往和整个组织并不一致。现在我们谈到了问题的关键，也是不满的根源。不过，我们仍然可能发掘出坚定的拥护者的潜能。

说实话，卓越领导者更喜欢自己大权在握，而不是授权给他人。如果指挥下属是达成目标最快最有效的方法，卓越领导者肯定会第一时间这样做。但是在实际工作中，指挥和控制下属与花时间去了解他人的需求相比，后者更为奏效。正因为如此，卓越领导者才会运用高效对话去吸引、鼓励和留住那些和自己志同道合的成员。只要一起努力，领导者就能最终达到自己的目的。

为了有效地做到这一点，卓越领导者必须对坚定的拥护者的概念有透彻的了解。我想用一个故事来说明运用高效对话来鞭策坚定的拥护者的益处。

组建坚定的拥护者团队

帕特·泰勒（Pat Taylor）是一家大型能源公司的后起之秀。她擅长通过使团队或部门转型来响应整个行业的自由化。她在英国的天然气产业做得尤其成功，这个产业市场开放，竞争相当激烈。

帕特抓住机会加入了美洲中西部全球工厂原料供应部。在许多重要的能源市场，撤销管制迫在眉睫。作为煤炭采购部门的领导者，帕特亟待解决的问题是如何处理公司的巨大规模和实现变革这个艰巨的任务所带来的影响。煤炭采购主管在部门担任领导者角色，他们是业界最好的谈判团队之一。其中的成员办事有条不紊、一丝不苟，他们习惯了处理大宗生意，所以非常自信。帕特期待能与这个优秀的团队一起展开工作。

然而真正着手之后，却是另一番情况。帕特首先低估了公司一贯的保守文化，以及改变其深入人心、根深蒂固的运行模式的难度。而且，对于这位新来的英国女领导的新战略，销售团队也不感兴趣。

对于帕特来说，实施变革了解要做什么并不难。她不缺乏在公司实施撤销管制的工作经验。通常，她一进公司，很快就能知道这里需要一份怎样的变革议程。但是帕特现在的问题是似乎没法让公司的关键领导者同意自己的计划。她是新来的，是一个外人，并且她也曾被人多次提醒她虽然在天然气方面有着丰富的工作经验，但是她没在煤炭行业里工作过，人们认为她并不了解煤炭市场。公司的高级销售主管认为煤炭这种商品有其特殊的性质、购买以及装运方式，目前公司的运营模式是多年经营之后摸索出来的，自然有其存在的道理。

帕特领导下的公司成了行业标杆。即使是公司的竞争对手也承认这个团队拥有业内最具杀伤力的谈判技巧。此时公司的运营成本已经降到了极低的水平。而整个煤炭行业面临着转变，为新的商业模式做足了准备。他们迫切地采用了新的运营模式，并且看到了在更开放的市场中能获得的所有好处和利润。供应商和采购商之间的结盟是继续生存和发展的关键。谈判已不再是一种"我们对他们"式的商业模式。

帕特虽然受命要变革，但是她决定延迟推行新战略。她知道变革一旦开始，公司的运营就将无法再如常展开，此时她不愿意做出对高级主管的意见置之不理的事情。所以几个月过去了，她仍然按兵不动。

帕特明白，这一次的工作要求她必须另辟蹊径。我们已经探讨过利用坚定的拥护者来实施变革，还有就是使用战略让组织接受变革议程，哪怕团队中的高层持反对意见。帕特后来的成功证明了作为变革的媒介，坚定的拥护者能够起到巨大的作用。

首先，她决定不再在采购团队上浪费时间，因为她知道没办法改变他们的观点。为了让部门以新的方式运行，她必须要绕过采购团队，直接和其他部门交流。不过她向采购团队说明了她要采取的行动，希望能对这些采购部门的人起到提醒作用。她要做的是找到组织中能够顺应变革的那些人，让变革议程得以尽快实施。

在工作中，帕特首先要在这个有着 250 名员工的部门中去发现那些拥护变革的员工。这些人中有主管、项目经理和行政助理。这些人是帕特根据自己加入公司以来对部门人员的了解，以下面的评判标准发掘出来的：

- 他们动机明确、精力充沛；
- 他们的工作表现出类拔萃；
- 他们具有影响和说服他人的技巧。

在与这些人会面的过程中，她发现他们精力高度集中，动力十足，并且他们希望能兑现承诺。这些人有着丰富的完成挑战的经历。他们深受同事们的喜爱，实际上他们已经发展了一些自己的支持者。虽然他们的个人规划常常与部门的目标不一致，但在说到行业的转型蓝图时，帕特发现他们的个人议程和她的计划是相辅相成的。在交谈中，帕特感到自己和他们产生了互动，一方面是由于她发现了他们的潜能，另一方面是因为双方都看到了变革的必要性。

从大局来看，帕特认为这些人的个人规划对整个部门并无多大益处。他们对实现变革议程的价值在于他们能使用创新方法。她把他们组建成了一支坚定的拥护者团队，她把每个成员都指派为某个工作小组的负责人，这些工作小组将按照新的商业模式来开展业务工作。

结果是部门推进了变革，成果也很快得以显现，而公司的人事变动也初见成效。这一切成果的取得让帕特始料不及。帕特先前遭遇的难题已经解决，如今的问题是保证基础设施建设尽快到位，当然工作还要依照计划继续展开。这个案例的成功得益于领导者在一个人员众多的部门中精心挑选了 10 位坚定的拥护者来推进改革，他们的加盟为变革注入了全新的能量。最终，煤炭采购团队也不再抵制。转变根深蒂固的思想是一个渐进的过程，当人们开始用不同的视角来观察事物时，他们对变革也会越来越有热情，并且开始投身新的工作。

将坚定的拥护者纳入组织阵营

除了在变革议程的执行中发挥作用，坚定的拥护者对一个组织的价值并不明显。如果这些具有影响力的企业成员不支持议程计划，他们往往就会成为企业前进的绊脚石。因为他们拥有高于普通员工的能力和影响力，他们的反对也会对公司的改革进程起到更大的阻碍作用。

坚定的拥护者可能是指挥链中的重要一环，但也可能存在于指挥链之外，但是坚定的拥护者的特点是乐于使用自己的权威和影响力。他们常常能感受到自己肩负的职责，并自觉地去推进一个项目、观点、任务或者目标。坚定的拥护者的优势在于他们能为领导者分忧。基恩公司的约翰·基恩曾说："有你们来操心，我就省心多了。"

虽然在许多管理学课程和领导学书籍中都谈到从管理组织结构之外寻找善于改变的员工的重要性，但对大多数领导者来说，要在现实中做到这一点却并不容易。卓越领导者在这方面却很擅长，他们善于在传统的指挥链外找到这类人，并与之合作。如果真有所谓的"授权"，我认为第一步应是这样的：找出那些有能力的员工，而且这些员工要能积极地将领导者自己的目标和组织的规划结合起来。领导者要保持和这些员工的直接对话，让坚定的拥护者参与变革议程，确保议程得到更多人的支持，以及变革得以更快实施。

有些领导者不愿承担风险去任用坚定的拥护者。他们担心坚定的拥护者会与组织格格不入，或者不接受变革议程。然而真正的风险其实是将组织中的坚定的拥护者排除在变革行动之外。没有他们的支持，一个变革的动议，哪怕计划得再详尽、设想得再周全，也很难成功。

能够争取坚定的拥护者支持的唯一办法就是进行高效对话。首先，识别坚定的拥护者就是一个挑战。不过一旦你了解了他们的共同特点和特性，事情就好办了。真正的困难在于成功地吸引他们的注意力，并且让他们为你效力。从某种意义上说，这就是将坚定的拥护者的目标与整个变革议程联系在一起的过程。

要让坚定的拥护者将注意力放在公司的大局上，最常用的方法是让他们看到组织的目标与他们的个人规划其实是相符的，并且会为他们自身带来某种好处，比如受到肯定、取得成绩并得到经济回报，这时，他们才愿意投身其中。让一个坚定的拥护者乐于效力不是一件容易的事。这时，高效对话就可以派上用场了，因为它是一座通往坚定的拥护者真正需求的可靠的桥梁。

坚定的拥护者即使接受了企业的规划蓝图，也常感到自己是被孤立的，因为他们觉得自己的目标和热情在组织中被忽略了，又或者他们的想法被看成过于激进而不能被接受。如果领导者能做到把他们的目标和公司的整体战略联系在一起，坚定的拥护者就会敞开心扉，分享他们的想法。如果领导者真诚地理解和接受拥护者的想法，同时表达自己所需要的支持，坚定的拥护者就会心怀感激。这种交流方式能让坚定的拥护者对领导者产生极大的忠诚和尊敬。

下面这个案例发生在医疗领域，它让我们看到坚定的拥护者的目标与组织规划结合起来其实是件很困难的事。美国中西部一家著名医院的首席执行官正在面试一位求职者，这次招聘的职位是心外科部主任。为了这次招聘，首席执行官颇费了一番心思。因为前任主任在削减开支方面做出了成绩，也配合了首席执行官实施了变革议程里的重要任务。自前任离职开始，这个位置已经空缺了一年半，议程计划也因此不得不搁置下来。所以，首席执行官非常希望尽快填补上这个空缺。

几轮筛选之后，一位应聘者脱颖而出。如果单纯考虑能力的话，他是这个职位的绝佳人选。首席执行官知道他是个优秀的人才，他出色的办事能力是众所周知的，但是这个人的标新立异和特立独行也很突出。首席执行官当时认为只要用得恰当，这位外科医生对组织将会有不可估量的贡献。于是在面试的时候，首席执行官决定与这位应聘者谈谈组织的计划，这样做无疑是为了确保从一开始，他们之间的交流就是开诚布公的，以便他们日后会为同样的目标而努力。

首席执行官说道："我知道你的医术是有目共睹的，而且你也是一位深谋远虑的战略家。无论你在哪里工作，你都获得了很高的威望。我们非常希望你能成为我们的一员。在此我也想从一开始就说出我的真实想法。我们一直希望能找到一位领导者，他不仅有能力，而且愿意和我们一道为了推进削减开支和提高诊疗技术而努力。现在我们正处在关键时刻，未来 2~3 年内我们要减少20% 的开支。我们需要你的加入和支持。如果你对这个职位感兴趣，我们想和你一道去实现这个目标。"

这位应聘的外科医生说他知道人们认为他是一个激进的心脏外科大夫，并表示支持首席执行官提及的目标。他说："如果你们愿意让我加入，我会尽我所能在保证高质量医护服务的基础上合理地削减开支。我的观点是，既然我不是组织内部的人员，我可能就不了解你们的开销结构，同时我也不清楚医院的整体战略。但加入团队后，我会抓住机会尽力而为，在保障病人的安全和健康的同时，维护医院的声誉。"

应聘者的这番话大大出乎了首席执行官的意料，他非常高兴。但如果他知道真相后，他就不会高兴这么早了。如果仔细分析，你就会发现他们的对话提出了两个不同的议程，表面上看这是一次高效对话，但是很多概念都模糊不清，大家的认同也并不清晰，因此此时的承诺是模糊不清的。

当时参加这次面试的面试官都认为该应聘者是认同组织的文化和目标的，他就是这个职位的理想人选。于是首席执行官发出邀请加盟的信函，可是没想到被这名应聘医生拒绝了。首席执行官不解的是他觉得一切都进展得很顺利，为什么应聘者会拒绝加入呢？

我们在回顾整个面试过程后发现了以下问题。首先，首席执行官在亮出自己的想法时，应该先听取应聘人的想法。不要一开始就以为自己设定的目标会得到应聘者的认同。只有在了解了对方的真实想法之后，首席执行官才可以看到自己和对方之间的目标是否有连接点，进而有针对性地继续这方面的交流。可是在第一次的面试中，首席执行官并没有做到这些。

而且这位应聘者在削减开支这个问题上名声并不好。首席执行官是希望应聘者能认同自己的目标，但事实并非如此。应聘者的表达并不难理清，他真正表达的意思是："我不会为了削减开支而牺牲医护服务的质量。我对那些这样做的医疗机构很不满。我痛恨给开支设定标准的做法，我不愿意减少开支降低医护质量。"相反，首席执行官在听到"平衡质量和开支"等话语的时候还以为他们俩说的开支是同一件事。所以首席执行官的理解在这个地方出了错。

幸好，首席执行官弄清楚了这一点，他自己也对上次的面试进行了反思。于是他再次找到这位应聘医生，并和他进行了一次成功的高效对话。这一次，首席执行官先详细地探明了为什么这位医生对自己的事业如此有热情，并了解到让医生感触最深的事，以及他的信仰。

当对话营造出了一种和谐的氛围之后，首席执行官也坦率、直接地说出了他的要求和希望。他向医生讲述了医院过去在成本方面的情况，以及高成本对医院实现目标所造成的障碍，并由此说到了他自己的担忧和期望。首席执行官用自己的话把医生最关心的问题重复了一遍，这样做是为了证明自己的理解无误。之后，他与医生又进行了一次讨论，这一次对话的核心是怎样让双方都能实现自己的目标。这一次谈话的结果是让双方都对彼此的合作充满期待。

在此次交谈中，他们就已经一起商量了怎样在医疗系统中开展工作，对如何推进改革做了大致的规划，让医生、护士、医护专家、行政人员、病人以及病人家属都能积极地接受这个变革计划。此次对话成功确保了这位应聘者不仅做出承诺，而且充满热情地投入到实施变革的计划中来。由此，我们可以看到第二次对话的必要性。

就像这个案例描绘的那样，要真正把坚定的拥护者和变革议程挂上钩，口头承诺是远远不够的。同样重要的一点是，坚定的拥护者只有真正地支持组织的目标，才会积极推进组织的变革议程。对此，领导者只有首先弄清楚他们个人的规划，并晓之以理，让他们认同组织的目标，才能利用他们来实现组织的目标。通过高效对话，领导者传达了两个信息：一是他/她对坚定的拥护者自己的议程计划很关心，很感兴趣；二是通过清晰的交流确保坚定的拥护者理解了组织的目标，并听到了拥护者也愿意为改变做出努力的承诺。这为进一步的互信打下了基础，让坚定的拥护者能够始终与组织目标保持一致。

确保坚定的拥护者与议程始终保持一致

时间、承诺和交流是确保坚定的拥护者始终与组织站在同一阵线上的三个关键因素。

在一系列的承诺兑现之后，信任也就建立了。然而这种来之不易的信任会在卓越领导者没有时间、不兑现承诺、没能够与坚定的拥护者进行定期交流时被轻易打破。坚定的拥护者与生俱来的特点是自我激励和自我引导，然而即使这样，他们也需要与人互动，并在组织中找到归属感。坚定的拥护者需要确定他们获得了领导者的支持和关怀。

下面是我观察卓越领导者为了鼓励坚定的拥护者所使用的几种方法。

1. 卓越领导者会定期与坚定的拥护者进行有意义的交流。许多年前，汤姆·彼得斯（Tom peters）就因善于与组织内负责推动变革的人员保持广泛接触而闻名。然而这种策略还远不能满足坚定的拥护者的需求。坚定的拥护者需要领导者专注地聆听，并听取他们的意见，以及获得成功所需要的各种条件。卓越领导者能认识到这一点并且在坚定的拥护者身上投入时间——也许在工作中，也许在工作外。要做到在工作外保持联系在当今社会是很难的，但这也是卓越领导者与坚定的拥护者保持联系最有效的方法之一。

2. **卓越领导者经常检查坚定的拥护者的状态，以确保他们不出差池。** 坚定的拥护者在工作中最大的不满始终是："我的领导总认为我肯定对他们的意思了如指掌，其实我并不知道。我感觉自己在孤军奋战；他们对我的能力和我付出的巨大努力不以为然。"由于坚定的拥护者是信息和热情的传输渠道，因此领导者花越多的时间与他们交流，领导者的信息越能被清晰传达，变革议程在整个组织中就越有说服力。一旦坚定的拥护者缺乏归属感，他们就容易忽视变革议程的进程；而最糟糕的状况是，他们可能对变革议程加以阻拦。一个敌对的坚定的拥护者对组织造成的危害是普通员工的十倍，而且因为坚定的拥护者广受同僚的尊重，如果他们灰心或者偏离方向，就很有可能会带动其他组织成员共同抵制改变提案。

3. **卓越领导者能兑现他们向坚定的拥护者许下的承诺。** 每次和坚定的拥护者谈话结束的时候，都要再确认一遍所有承诺和责任，这一点非常重要。卓越领导者在告知坚定的拥护者自己不能为他们做某件事的时候同样非常谨慎。总的来说，卓越领导者在与坚守的拥护者打交道时会慎重对待自己的承诺，比如不用口头承诺的方式来达成协议。违背承诺会不可避免地导致坚定的拥护者反对组织议程，对组织造成损害。

你需要多少坚定的拥护者

理想状态下，你想要发展尽可能多的坚定的拥护者来协助你实现变革议程。然而有一点你要记住，与坚定的拥护者打交道会耗费你大量的时间和精力。因此，你需要的坚定的拥护者的数量应该在你能有效控制的范围之内。

控制坚定的拥护者的人数，将拥护者的培养视为一个渐进的过程。坚定的拥护者可以一个一个地加入这个由志同道合的人组成的团体。随着变革议程的可行性、可靠性和可转移性在组织中的扩大，对坚定的拥护者的需求也会逐步降低。当变革议程不再是一个组织的当务之急时，坚定的拥护者就不再活跃，在各个职位和层级中的作用也会减小。这时候，他们等待的是卓越领导者下一次的集结和号召。

卓越领导者会建立一个坚定的拥护者关系网来推动变革贯穿整个组织。他们耐心而又细致；他们运用高效对话仔细聆听各种需求；他们花费时间和精力详细了解坚定的拥护者，与他们建立联系，交流信息、心得和感受。

从某种意义上说，在坚定的拥护者与卓越领导者之间存在着一种紧密的关系。他们了解彼此的关注和利益，在重要问题上能达成共识。他们支持彼此的目标，从而产生共同关注的对象，并影响整个组织的发展进程。他们在组织中携手发挥作用。

正是这种精力、热情和情感的投入使得卓越领导者能够让坚定的拥护者为变革议程效力；另一方面，坚定的拥护者内心充满了对领导者的信任，认为卓越领导者会支持自己的工作和想法。这个时候，坚定的拥护者就培养成功了，他们的存在就是为了组织获得成功。

卓越领导者不会浪费时间让员工都成为坚定的拥护者。他们的高效对话只针对那些有热情去创造改变的人。领导者也懂得去保护坚定的拥护者，帮他们解惑，保证他们不会感到思维混乱，或者受到官僚作风的牵制。领导者为坚定的拥护者提供他们所需要的支持，确保他们和自己站在同一阵线。卓越领导者的这种能力为变革议程带来了极大的驱动力。

留住最优秀的人才

一场争夺人才的战争正在上演。卓越领导者很清楚拉拢最优秀的人才并留住他们的重要性。他们能够发掘企业员工中的精英，并视他们为公司中最宝贵的财富。同时，他们也能分辨良莠，识人善用，不会把每一个员工都视为关键员工。卓越领导者从不会把企业精英的忠诚和承诺视为理所当然，而且他们会确保身边的关键员工与组织的目标紧密相连，以留住人才。

在如今竞争激烈的环境中，很重要的一点是领导者要以现实的态度分析如何才能留住人才。企业要制订相应的计划，并充分考虑优秀员工的个人需求。卓越领导者在其留住人才的策略中会采取和关键员工谈话的方式，直接询问他们的短期需求和长期需求。从一开始他们就会问："是什么促使你保持对工作的积极性和兴趣，并让你和公司的发展紧密相连的？"高效对话可以帮助你和你的优秀下属之间建立良好关系，这种关系会激励他们为你工作，而不是与你作对。在我们进一步探讨这个问题之前，先来看看关于员工流动的一些基本情况。

关于员工流动的现状

简单地从字面上来看，员工流动意味着人力资源的流失和招聘继任者的需求。员工流动分为两种：计划之内的和计划之外的。计划之内的员工流动是指员工的退休，或是迫不得已的离职，而这些通常不是问题。但是，计划外的员工离职对于组织却可能是灾难性的。一个关键员工的离开会给组织带来巨大的伤害和混乱，会造成业务的损失以及利润的减少，在一些极个别的情况下甚至会造成这个组织的业务终止。当今已进入知识雇员的时代，一家公司可能就只有几个重要的关键员工，对这样的组织来说，计划外的员工离职就是一个噩梦。

我多年的研究表明，一家成功的公司必须能够紧紧抓住它们的关键人才。否则，数据会让我们看到关键员工离职意味着什么。2016年在加利福尼亚召开的全球领导力发展会议上，未来人力资源的研究专家塔玛拉·埃里克森（Tamara Erickson）说道，和过去的员工离职不同的是，今天的员工会因为感到不满意就直接离职。她也说这是个巨大的变化。公司如果不想办法将员工留住，让人才感到自己有施展才华的机会，可能会面临很严重的离职潮。在过去三届的世界经济论坛中，与会者也多次提到留住员工这个话题，因为这与实现组织目标是一致的。理查德·雷德（Richard Leider）是《目标的力量》（*The Power of Purpose*）一书的作者，他也被认为是目标理论的发起人。他认为企业的目标一定要和员工的目标联系起来。他最新出版的两本著作《重新想象工作》（*Work Reimagined*）和《重新想象生活》（*Life Reimagined*）都是值得一读的书。正如相关的研究理论所指出的那样，未来的员工都希望参与到高效对话中，让组织听到他们作为员工的意见和声音。如今人力资源的规则已经改变，因为员工离职，或者那些考虑要离职的员工的理由已经改变了。

想象一下，你在公司里费劲地思考怎么做才能更好地留住核心员工，而猎头同时也在背地里和你的核心员工联系，并试图说服他们跳槽去另谋高就。猎头通过电话和求职人才网了解人才信息，然后就会寻找突破口去说服自己看中的人才。他们的突破口往往是那些现任企业中的"不满意因素"，这个名词我会在后面的章节中详细探讨。猎头们的经验表明，他们可以通过员工对现任企业的不满来说服他们离职，即使这些优秀员工对组织忠心耿耿。猎头者会向游说对象展示一个"更正确"的机遇、更合适的工作，而且员工可以在新工作中得到更大的满足。这样一来，卓越领导者和公司组织就需要更进一步地了解员工想要离开的真正原因。为了说明这些，我们来看看这一过程是如何开始的。首先，我们来看一下业绩表现最佳的明星员工是如何被说服做出离职决定的。

招纳最优秀的人才

几年前，我在雷神公司的一家分公司担任人事经理，那时我注意到有些领导者非常善于招纳高素质人才。在面试求职者时，他们以一种很有效的方式与求职者交流。

我问那些最善于招纳贤才的领导者，在面试的时候，他们问了什么问题，而且是以什么样的方式问的，他们的秘诀又是什么。很多次我都听到了这样的回答："我告诉他们我对公司的真实想法。""我询问他们个人的情况。""我告诉他们我个人的情况。""如果我看中了某个求职者，我会挖掘更多的信息。""我很坦率地把职位的责任告诉应聘者。""我从不隐瞒什么。"

我现在知道这些领导者其实是在运用高效对话的技巧。卓越领导者会在面试期间与应聘者之间建立信任，他们会通过诚恳的对话在面试的大部分时间里询问有关应聘者个人的事情。他们还会表现出对应聘者的关心。同时，他们也会对应聘者敞开心扉，介绍自己的情况，这样一来应聘者会感觉面试中谈话的内容都是真实可信的。卓越领导者在与应聘者建立好这种关系之后，才开始谈论工作的要求。这时他们不会打官腔，重复广告中的工作说明，而是会根据自己对公司客户、环境、产出、挑战和机遇等方面的了解来说明职位的内容，并定义一份工作需要的技能和行为。领导者也会谈到衡量工作的标准。最后，他们会通过讲述一个案例和故事来描述公司的氛围和文化。

我以上的心得是通过研究雷神公司人力资源部的明星主管而得出的。我从自己的调查里也学到了重要的一课，这与我要讲的满意因素有关。满意因素是指应聘者对工作的要求，而这其中一共包括六个重要的满意因素，每一个都暗含着一个关键问题，如表 9-1 所示。

表 9-1　　　　　　　　　　　　满意因素

满意因素	暗含的关键问题
工作/角色	这份工作的职能、任务、责任和能力要求是否符合我的需求和期望
工资/福利	工资是否能达到我的预期，是否与市场正常水平相匹配
职业发展	未来的学习和成长是否能满足我的期望（是否能满足市场的需求）
团队	我能适应这个团队而且被团队成员接受吗
文化	公司的价值观、运作原则和信仰是否适合我
工作/生活	这份工作是否能让我在工作和生活之间达到一种可以接受的平衡

当然，这些只是宽泛的分类。在每个类别下，不同的人还会有不同的需求和欲望。但是，从整体上来看，这六个满意因素还是涵盖了应聘者需求的各个方面，而这些也是应聘者加入公司后能长期留在公司的关键因素。

在面试的过程中，应聘者会试图探明对方是否能提供给自己所需的满意因素，而面试官则会尽量证明自己能够满足应聘者的需求，以确保对方能够接受这个岗位。遗憾的是，在很多面试中，双方都是在很谨慎地出牌。应聘者和面试官都担心说错话，不愿意冒险把满意因素提到桌面上来谈。而卓越领导者则不同，他们明白在面试时给应聘者讲明满意因素的重要性。他们会通过高效对话询问应聘者的特殊需求。无论是在与应聘者的首次接触中，还是在应聘者加入组织后工作的各个阶段，卓越领导者都会不断地评估他们所持的立场。

在这场招纳人才、留住人才的战争中，卓越领导者知道如果应聘者或者员工所需的满意因素得不到满足，就要面临迟早失去他们的风险。每个人对满意因素都有一套自己的设想，也许有些人自己并没有意识到这一点。应聘者通常都会在脑子里列出一份满意因素的清单。在面试时，他们会在心里记下哪些满意因素能够得到满足。应聘者也会在心里设定一个底线，那就是他们认定的某些满意因素得不到满足的话，就不会接受这个职位。因此，面试官在面试过程中有责任弄清楚应聘者想要的满意因素是什么，这样组织才能知道怎样去满足应聘者的要求。如果面试官发现对方的满意因素难以明确，他就会立刻结束面试，这样就可省去双方（应聘者和组织）的麻烦。

但是，设想一下，如果你有能力满足对方的满意因素，你要如何去说服优秀人才加入你的组织而不是另投他处呢？波士顿凯尔特人队的总裁兼主教练里克·皮蒂诺（Rick Pitino）认为，这取决于双方沟通的质量。你不仅要很好地描述你的组织和目标，同时还要认真倾听应聘者的想法和目标。

皮蒂诺在普罗维登斯学院和肯塔基大学担任教练时，就很认真地对待纳新工作。获取最优秀人才对于大学篮球来说极为重要，对于商业界也是如此。

由于深知优秀人才的重要性，皮蒂诺会花大量的时间研究高中球员的资料，为他的球队寻找有潜力的球员。他竭尽全力去了解每一个他想要招入的球员的情况，而且他的调查不仅仅局限于球员在球场上的表现，他还会尽力去了解球员的家庭和他们的兴趣爱好。在掌握了这些资料后，皮蒂诺会经常给该球员打电话，询问是否能拜访他，并和他的家人共进晚餐。皮蒂诺会利用去球员家做客的机会，向对方描述他的球队的生活，以及在他的球队里打球会是什么样的。他描绘的前景都是真实的。他知道对球员必须要坦诚，要明确告诉他在球队打球的辛苦和义务。皮蒂诺任大学教练时要求极为苛刻，他给球员很大的压力，也会让新人从一开始就了解这一点。

有时，他的方法也会不奏效。有一次，尽管皮蒂诺事前做好了充足的准备，付出了真诚的努力与他想要招入的球员建立联系，但他仅从那名球员的眼神中就能看出这位球员不会加入他的球队。那时皮蒂诺意识到这是因为那名球员有所需求，而他却不知道是什么。从那以后，皮蒂诺便改变了自己的纳新策略。他知道必须把纳新时和球员的对话提升到一个新的层次，也就是高效对话的层次。

在商业领域，高效对话可极大促进面试的顺利进行，因为高效对话可以促使卓越领导者去倾听、沟通、做出承诺。你只有和应聘者之间建立了清晰的联系，才能真正地让对方敞开心扉，和你交流他内心真正的想法。而当联系建立、应聘者开始畅所欲言时，面试官会开始有技巧地探究对方的满意因素。有时候满意因素可能与生活方式有关，比如工作时间；有时候应聘者会关注个人的成功和回报。对双方的立场都有了明确的了解后，你就可以说明各自的责任和义务了，这些谈话必须具体清楚，绝不能空洞模糊。

留住最优秀的人才

现在，我们把注意力从纳新转到另一面——留住人才。员工离职另投他处的原因有很多。有个招聘人员对我说："员工永远不会只因为一个不满意因素而离开。"这句话说得有些笼统，但仍然说明了员工离职的原因。的确，一些员工离开组织是因为新的工作有更多的优势，但也有一些员工离职仅仅就是因为待够了，先离开再说。如果是后者，那可以说这种鱼死网破的离职策略是工作中出现了多个不满意因素导致的结果。核心员工通常不会只是为钱而跳槽。当然，如果新工作的薪水高到具有足够诱惑力的时候，员工也会离职，但是不要忘了有很多优秀员工也会拒绝金钱的诱惑，尤其是当他们认为新工作有不对劲的地方时。因此，不满意因素才是驱使员工离开的真正原因。

前面我们提到了满意因素，现在我们来看看不满意因素。在现实中，满意因素和不满意因素相当于一枚硬币的两面。满意因素促使人们加入并留下来，不满意因素则相反，它也是造成员工离开的原因。不满意因素一共有五个，后面我会具体说明。现在我先给大家讲述一个案例，通过这个案例，我希望说明不满意因素是怎样导致一家公司失去优秀员工的。

我的一个客户——华尔街一家投资银行的总经理有一天突然给我打电话，言语中透着慌张。她手下的一名高级证券分析师刚刚告诉她要离职。这位证券分析师刚 30 出头，但却是公司的无价之宝。像他这样的顶级证券分析师属于商界精英，他们对产业和公司的研究以及由此做出的报告会对股票市值产生极大影响，有时甚至可以达到 50%，可见这些顶级证券分析师也是公司盈利的关键。任何一家华尔街金融机构成功的支柱都是因它的研究能力和它的顶级证券分析师，而分析师是保证研究质量的关键。

"他正在办公室收拾东西，你能马上坐飞机过来吗？"我的客户问我。我立刻搭乘波士顿飞往纽约的班机，在几个小时后到达了办公室。幸运的是，我之前为该公司建立高效工作模型时与这位分析师有过来往。现在，我坐在他旁边，用权力金字塔这一工具来寻找他离职的原因。我对他说："知道你要离开，很多人都感到难过。你对公司至关重要，而且你的工作表现也极为出色。我想知道你的需求是什么？有什么是你想要却没有在这里得到的？我们应该给你和你这样的人什么样的职责担当？还有就是为什么你要离开呢？"

"你真的想知道吗？"他问道，语气中透着不情愿。但是我也态度明确地坚持要找到原因，我要找出他的不满意因素的根源。他解释道："我对团队的影响没有得到足够的重视，我从来没得到过任何工作反馈。现在有人想知道我要什么了，这让人很惊讶，之前怎么从来没有人问过我。"

原来他想要获得更多的人力和资源来投入研究，同时他也对公司的官僚作风很反感，公司有太多的会议和表决来决定那些他认为需要做的事。他希望自己的决策能力能得到更多的尊重。而他的年轻，在他看来也是令他在公司位居人后的原因，尽管他为公司带来了巨大的盈利。

这位分析师的年薪是 500 万美元。有传言说他是被一家竞争对手公司重金收买了，而那家公司愿意斥重金抢夺需要的人才。我直截了当地问他，"你是不是为了钱要离职？"事实上新公司给他提供的待遇中确实包含了丰厚的薪水，但他告诉我，钱并不是促使他离职的决定性因素，而是别的原因。我问他如果公司解决了他的不满意因素，他是否还有留下的可能。然而已经太迟了——他对公司已经失去了信任，他对公司是否能真的做出改变表示怀疑。

那家公司最终还是失去了这名分析师，我对此也感到难过，不过随后我和公司的领导者一起对这件事进行了分析，总结经验教训。这样一来，这件对公司不利的事反倒成了一次学习的机会。我们和公司的其他经理主管们一起开会，希望解决公司沟通不畅的问题。首先，我们用权力金字塔的技巧来发掘一些重要信息，比如公司已经并且也愿意给予这些分析师具有竞争力的薪水（公司也已经是这么做的）。公司以前很不情愿投入额外的钱为分析师的研究增加助理人员，在这方面，公司承诺会改变过去的做法，增加投入。之后，我们还与公司目前在职的顶级分析师们进行了一系列高效对话，主要是了解他们的个人需求及各自的不满意因素。最后，我们把这些信息归纳整理，并以此作为指导我们留住顶级分析师的准则。在完成了上述工作后，公司高级分析师的流动率大幅下降，在华尔街，高级分析师的职位也是最难找到合适人选的。

留住关键员工对于任何一家公司的成功都至关重要。如今就业水平高度发展，人们对吸引和留住有价值的人才也越来越重视。各行各业的雇主们都在寻找稀缺的人力资源，通过设计新的或是改进已有的养老和福利待遇，使自己的公司更具有吸引力。因为如今的公司不仅更难招募到优秀人才，要留住他们也更为困难。人才是企业成败的关键，只有留住人才，才能把握新的机遇。

员工流动的六个误区

现在仍然有很多领导者因循守旧，思维还停留在过去关于人才使用的误区里。这一节我们将提醒领导者注意以下六个用人误区。

误区一：**员工会留下，因为他们会对组织忠诚。**很多领导者依赖"员工忠于公司"这样的信条来留住自己的优秀人才，他们认为员工会以忠诚的名义拒绝竞争对手摆在面前的诱惑。然而，在很大程度上，忠于公司的说法已是明日黄花，这是因为当今市场经济巨大的流动性鼓励员工流动。那种从一而终的公司员工都已经不复存在。所谓忠诚是指忠诚自己的事业，而不一定要忠诚于某家公司。优秀领导者很清楚这一点，他们也不会依赖员工的忠诚来留住人才。

误区二：**员工再好也有价，所有员工都经受不住高薪的诱惑。**很多领导者都认为员工会为了钱而跳槽，或者认为这是员工跳槽的唯一原因。当然，金钱确实是促使员工做出跳槽决定的一个因素。但是就像我们在前面那个分析师的故事中看到的那样，金钱绝不是跳槽的唯一原因，甚至也很少是决定性因素。如果前面提到的那些满意因素（工作/角色、工资/福利、职业发展、团队、文化、工作/生活）总体上都能满足员工，那么员工一般都会留下，即使面对更高待遇的诱惑也不会离职。相反，如果某个满意因素得不到满足，就像我们下面要讲到的故事，即使薪水降低也有可能促使员工跳槽。总之，员工跳槽绝不只是与钱有关。

误区三：**员工流动的主要影响因素是员工的出生年代，在某些行业要控制员工流动很难。**首先，我们的确要承认 Y 世代出生的人和婴儿潮出生的人肯定在行为思维上有所不同，但是这种将人才和出生年代联系起来的想法基本是不靠谱的。尽管这种说法不是一点道理都没有，但是无论是什么年代出生的人都可能跳槽，这与第几代人无关。同样地，有些产业确实容易出现跳槽现象，但是没有哪个产业是可以避开员工流动问题的。在这个流动变化的时代，所有的行业都不缺乏跳槽的理由和机会。

误区四：关键员工跳槽是突然事件，防不胜防。关键员工在遇到不满意因素时会发出信号，希望引起领导者注意，一段时间后如果问题得不到解决就会跳槽，所以说跳槽发生不该是一种防不胜防的突然事件。但是如果你问那些单位的领导者，他们的表现通常都是想不到啊，很惊讶等。有些领导者会诚恳些——他们承认这种不满的信号存在了一段时间，但是却未能予以重视。对于领导者来说，注意不到员工不满的信号是一个失误。

误区五：员工流动只是一些孤立个案。事实上，员工跳槽这扇旋转门一旦开始旋转，它的速度会越来越快，带动着更多有不满情绪的人离职。很多领导者通常都会犯这样一个错误——关键员工跳槽了，他们却不做补救工作，而是认为公司会很快恢复正常。我们发现，员工流动通常会出现连锁反应，它就像一个病毒，会蔓延到整个科室、部门乃至整个公司。优秀领导者会对关键员工的跳槽进行讨论、反省，力求采取补救措施来防止其他优秀员工流失。

误区六：整体员工流动率才是重要的衡量标准。一些领导者有意识地努力控制员工流动率，比如把员工流动率控制到10%，而不是20%。但是，员工流动率这种数据并不能反映出优秀员工跳槽的真正影响。领导者要做的不是去降低员工流动的数据，因为当你坐下来认真分析，你就会发现多少人离职不是关键，关键是离职的是什么样的员工。直白点说，就是宁愿失去 20 个成绩平平的员工，也不愿意失去 5 个业绩优秀的员工。

员工离职的不满意因素

卓越领导者会在工作中避开这些员工流动的误区。相反，他们将精力放在如何有效留住员工这个具有挑战性的任务上。卓越领导者也认识到高效对话对留住员工的重要性，因为这种交流能使卓越领导者和优秀员工保持联系，使他们继续忠诚地为组织工作。

其实大多数员工都不愿离开自己工作的公司。他们觉得自己必须离职是因为出现了不满意因素。具体而言，我们发现员工离职往往是因为出现了以下不满意因素：信心因素、情绪因素、信任因素、和谐因素和倾听因素。

信心因素

即便一个被外界称为适宜工作的公司也会受到自己员工的批评。当外界看到市场占有率提高、季度业绩良好的时候，员工也许只看到了混乱。在混乱之中，员工很难把握企业的总体战略。即便公司让员工看到了清晰的战略，他们有时也很难把战略与企业的长期目标及企业的良好运转联系起来。在这种情况下，关键员工会更看好对手公司，尤其是当对手公司的重点和战略都清晰可见时。有能力的员工不愿在一家他们觉得没有前途的企业工作。

情绪因素

很多情况下，关键员工是因为情绪因素选择离开一家企业的。比如，员工提出的辞职理由有缺少认同、报酬偏低、对员工个人发展关注不足，但事实往往并非如此。即使企业对员工进行表扬、奖励，甚至给予升职的机会，但如果员工有负面情绪，他就看不到企业做的事情，他的印象决定了他的心态。在这种心理状态下，员工会觉得自己不受重视，所以只能选择离开企业。

信任因素

离开公司时，关键员工往往会说："我觉得我无法信任这家公司，太多虚假的承诺，公司对我不真诚，我为何要对公司忠诚？"员工认为信任是双向的，雇主真诚，员工就会忠诚。任何虚假的承诺都会破坏信任的基础。很多情况下，员工会因为公司的一次空头承诺而离开。当这些信息反馈给领导者的时候，领导者却往往将自己的承诺抛之脑后，当然，这也进一步证明了很多领导者不重视他们的承诺。

和谐因素

关键员工为企业效力的前提是他们觉得自己是公司中的一员，即他们的价值观、准则及道德规范和公司文化是一致的。我们常听到离职的员工说："我无法像以前一样融洽地在团队中工作了。"员工往往会离开他不喜欢的团队，或者是他认为不喜欢自己的团队。

倾听因素

必须使关键员工相信领导者及其他员工都在倾听他们的意见。他们的声音没人注意是最常见的辞职理由。但在职场中，经理们是在意员工意见的，只是员工感受不到。然而，如果到员工要离开时才发现这点，往往为时已晚。

高效对话是解决这些不满意因素的最好方法。卓越领导者并不会主动和关键员工进行高效对话谈论潜在的不满意因素，但是会和关键员工保持联系。这种不间断的联络能方便领导者在不满意因素刚出现的时候就展开高效对话。在接触过程中，通过发现员工需求并做出明确承诺，卓越领导者可以：

- 恢复信心；
- 消除误解；
- 重建信任；
- 保持和谐；
- 恢复倾听。

简言之，高效对话能很好地排除风险，留住关键员工。

积极主动留住人才

高效对话非常适合发觉并排除不满意因素。它实质上是一种反应机制。当然，它也能作为一种积极主动留住人才的机制，特别是高效对话能为公司保持员工满意度、防止不满意因素的形成打下基础。作为本章的结尾，我列出了卓越领导者留住人才的一些具体的积极策略。

- **通过思维和策略建立信心和希望。**卓越领导者花很多时间和精力进行高效对话，以确保他们的思维和策略与员工的关键满意因素保持一致。同时他们也邀请这些关键员工参与制定公司的关键战略思维模式。卓越领导者知道关键员工与公司整体的思维和策略联系越密切，他们就会对自己和公司越有信心，也就越不可能因不满意而跳槽。

- **持续关注人力资源方面的动态。**卓越领导者总是有意识地关注他们的卓越员工。进行高效对话是表达关注的一种形式。此外，在高效对话中，卓越领导者应努力发现员工的相关需求，并确保员工满意。卓越领导者通过高效对话让关键员工感到他们比生意更重要（在某种意义上确实如此）。卓越领导者会采用真诚的方式关注员工——因为如果是虚假的，往往会欲盖弥彰，从长远角度看更会带来消极影响。你可能会想在繁忙的工作中保持这种关注是否必要，答案是肯定的，关于这一点，你可以问任何一个在关键时刻因为缺乏关注而错失优秀员工的领导者，他们会告诉你这样做的必要性和有效性。

- **恪守承诺，建立忠诚及信任。**卓越领导者意识到信任能够留住关键员工。在和关键员工进行高效对话时，卓越领导者应注意恪守承诺。的确，正如第 6 章提到的，恪守承诺是信任的基础。此外，还应真诚关心员工以建立更深的信任。卓越领导者恪守承诺，建立忠诚和信任，总能获得回报。

- **善于建立并保持关系。**如果你认为领导者与员工之间保持紧密的联系足以稳住员工，其实是一个错误的观点，因为不满意因素会凌驾于私人关系之上。尽管如此，亲密的私人关系依然是留住人才的重要因素。通过高效对话，卓越领导者会以一种尽可能真诚的方式与关键员工建立一对一的紧密良好的关系，如知道员工孩子的姓名、年龄以及相关重要信息。他们使员工得到个性化的关注和关心，使其对组织产生感情，觉得不忍离去，从而减少关键员工的离职。

- **建立有效的沟通机制。**卓越领导者会通过高效对话确保关键员工了解公司的重要动态。卓越领导者知道，员工害怕自己被排除在信息交流的圈子外，也不满自己的意见被忽视，如此，他们就会产生不被企业需要的感觉，从而想要去摆脱这家企业。

如今已经进入了自由择业的时代，人们也有更多的机会选择自己心仪的工作，因此员工不愿太费劲或者靠加班来保住自己的饭碗。如今的压力其实已经从雇员转移到了雇主身上。每个有能力的员工背后通常都有一个饥饿的猎头在盯着。在当今的人才争夺战中，领导者和公司的思维转变显得尤为重要。

CHAPTER 10

让领导者的声音永不消逝

　　所有优秀的领导者都会用自己的声音、语言来传达自己的意志。他们通过特有的语气和语言，向周围的人传递自己的价值观和目标。同时，领导者的声音也可展现他们的领导力和个人魅力。在所有的场合，无论是发表讲话、留便条、发邮件、开董事会或是日常交际中，他们都会发出清晰一致的声音。这个声音影响并指导着组织的发展，决定组织的价值观、态度和文化。一个卓越领导者发出的强有力的声音，会在他的同级、下属甚至整个组织中得到回应。

　　在研究如何建立领导力时，我曾走访了数百家公司。我衡量领导者影响力的方法之一就是去倾听一位领导者的声音是否可以在组织中广为传递。我发现在那些成功的公司——盈利丰厚、实力强大、市场占有率高、运行稳定，你会清晰地听到一个有力的声音在公司里回响。这个声音来自一位卓越的领导者，或是一个优秀的领导团队。在公司的坚定的拥护者的传递下，这个声音被不断地传递开去。

在我们这个时代，许多公司每年都会斥重金来交流策略、宣传公司的价值观和愿景。很多公司都意识到了在同级和上下级间传递明确信息的重要性。但是这一目标的实现，并不在于公司是否启动了昂贵的知识管理策略，或者是建立企业内部网络这样的项目。当然这些管理工具于公司肯定是有益的，然而最有效且成本最低的工具却被大家忽视了，那就是高效对话。通过高效对话，领导者就能够成功地向公司成员传达自己的声音。

如何使用领导者的声音

马克·托洛斯基曾是位于美国马萨诸塞州西部的湾州医疗系统的首席执行官。他是我认识的优秀领导者中的一位佼佼者。在工作中他有意识地使用领导者声音，并不断努力提高自己这方面的技艺。

我第一次见到马克是我为他就职的公司的改革议程项目担任顾问时。在我与他较早的一次会面中，我问他是如何在公司中传达自己的信息的。他回答得干脆利落，就好像他常常在思考这个问题。他言语中透露的激情让我确信，他一直在努力建立自己作为领导者的声音，并希望借此在公司高效准确地传达自己要表达的信息。

马克答道："举个例子，每位新来的员工都会有一段适应期，我会尽量利用好每个人的适应期。因为这是一个很重要的时期，员工在这个时候会很愿意接受我的信息。我会向他们传达我本人以及公司所持有的价值观和原则，告诉他们要重视患者和社会，还有认清我们的使命是多么重要。"

我又问他具体采用了什么方法来传递信息。他说他喜欢以讲故事的方式，通过讲述公司已发生的有代表性的事件可以很有效地展示公司的价值观和原则——面对患者、家庭和同事时应有的感觉，人与人之间的互助互爱，等等。

"这样做很重要，"马克说道，"如果你不向员工敞开心扉，那就意味着你在欺骗员工，因为他们不清楚你真正的想法是什么。"

接下来，我开始积极了解公司中其他人是如何传递马克的声音的。我注意到马克在公司体系上下以及各个医院和相关商业领域的确有着很强的影响力。每个人都知道马克的立场是什么，他想要的是什么，他的奋斗目标是什么。随着对马克了解的逐渐加深，我知道马克确实在有意识地利用领导者声音的作用，而且他将其视为一项持续不断的工作。

这么做的回报是什么呢？在 20 世纪 90 年代的美国，甚至全球医疗行业出现危机的背景下，很多医疗卫生机构和企业都出现了亏损，并大幅裁员。尽管危机重重，湾州医疗系统却始终保持着自己的强劲实力，维持着收支的平衡，也留住了系统内的优秀人才。他们是怎么做到的呢？除了地理位置带来的地缘经济优势外，主要就是因为公司的领导者不断地强调他们的使命、远见和运营原则。如果一家公司愿意花时间去树立价值观，以开放的态度来评价何为对、何为错、何处需要变革，那么公司离成功也就不远了。

马克和公司总裁迈克尔·戴利（Michael Daly）带领的高层领导团队每个月都要会面一次，专门花两个小时研究如何使用领导者声音、如何推进改革议程。团队的成员会对团队内部和公司内部各项工作的得失优劣展开自由讨论。他们使用高效对话的技巧去发掘事实、大胆推断，以确定未来要采取的措施。

在会议的间隔期间，领导团队的成员们按照承诺，彼此就当前工作互通有无。这样一来所有的工作议程就得到了公开。每个人需要帮助的时候，就能得到帮助。他们也从不否认问题的存在，因为他们知道，所有的公司都会出现问题，不敢面对问题才是唯一让人羞愧的事情。

召开这些会议的最终目的是要推动公司发展战略的进行。这并不是什么"联络会"，参加会议的领导者并不是去交流或者加深感情的，而是就他们的观点、需求，以及对公司战略的看法畅所欲言，讨论公司战略的进展情况，探讨实现共同预期目标可以通过哪些方法来协同合作。这个过程有时很艰难，但是与会的领导者都会为此付出努力。作为公司高层领导者中的一员，艾略奥特·凯尔曼（Elliott Kellman）一直负责组织这项工作。其他的高层领导者尽管每天议程安排紧密、鲜有闲暇，但仍全身心地参与这一过程。同样致力于此的还包括公司各个分支机构的领导者。通过这种领导层的会面以及对未来目标的探讨，他们也意识到了这一过程的价值和重要性。

湾州医疗系统领导者的声音是清晰有力的。公司各个级别的员工都用同样的声音去关注实现未来的成功，并且践行公司的运行原则。付出总有回报，迈克尔·戴利和马克·托洛斯基成功地建立了自己的领导者声音，配合高效对话技巧，培养了组织内一大批坚定的拥护者，有效地将自己的声音传递到公司的各个角落。这就是卓越领导者的领导力。

发出领导者声音

历史上那些清晰有力的声音至今仍回响在我们的耳边。尽管没有政治权利、没有获得官方批准与支持，马丁·路德·金仍然向外界传达了一个有力的声音——非暴力抗议、种族融合、和平等。面对反对者的憎恨和阻挠，马丁·路德·金坚持不懈地向民众重复着这一信念。事实证明，他的声音是有力的，越来越多的人开始拥护他的主张，数百万人重复着他的声音。这声音成了一股力量，有力地推动着社会的变革。这个声音至今依然在我们中间回响——尽管马丁·路德·金已经永远离开了我们，但为实现他的梦想的接力棒却被越来越多的人所传递。

罗纳德·里根（Ronald Reagan）曾鼓励美国人重建信心，美国人也因此而斗志昂扬，他的话语就是有如此鼓舞人心的感染力；南非总统纳尔逊·曼德拉（Nelson Mandela）曾为自由与正义不懈斗争，带领南非这个满目疮痍、到处弥漫着复仇情绪的国家走向了统一；缅甸最大的反对党领导人昂山素姬（Aung San Suu Kyi）曾被禁止在缅甸公开演讲，尽管如此，她依然坚持不懈地用自己响亮的声音呼吁自由选举。

领导者的声音可以对听众产生深远的影响。历史学家多丽斯·卡恩斯·古德温（Doris Kearns Goodwin）在接受 Linkage 全球领导力关系发展研究所的采访时，曾对富兰克林·罗斯福总统所拥有的独特的声音这样评价道：

> 罗斯福对自己和国家都充满信心，在这个民主政府体制下，他的信心也逐渐影响着其他人。很多在他身边工作的人都深受鼓舞，比如劳工部部长弗朗西丝·珀金斯（Frances Perkins）就曾说到罗斯福对她的信任令她感到有一股力量在支撑着她，她也因此对自己更有信心。罗斯福有能力建立这种信心，这其实也是一种对他人的信任。信心是可以传递的，罗斯福把信心带给了他的内阁，内阁成员们又把信心传递给他们的下属，推而广之，整个政府又将信心传递给了所有的美国人民。

今天，我们企业组织中的领导者面临同样的挑战，他们需要懂得传递自己的声音。为了留住优秀人才，实现组织内部战略性的团结，领导者需要用自己的声音明确地传达自己的远见卓识，定位公司的地位和发展方向。这种声音具有协调工作的力量，让每日的议程进行得井井有条。

卓越领导者总是不断重复着他们的思想，他们并不会对此感到犹豫不决或是尴尬；相反，他们会一直寻找更多新的途径，用简单的语言重复自己的使命、远见和价值观。他们的信息会被传递到组织的各个角落，大厅里、出口处、名片上、文具用品上、电子邮件里，还有年度报告里，组织中到处都能听到或看到卓越领导者所传达的信息。

一位领导者想要传达的信息需要遵循三点（我之前也提到过），那就是可实现性、可信度、通用性。他会构想一个既远大又切实可行的目标，将其作为自己要向外界传达的信息。他会在自己的演讲、交流、语音信息、电子邮件和备忘录里不断地重复自己的想法。他的信息随后为大家所理解，这一过程有时很快，有时很慢。如果他的信息真诚、令人信服且意义深远，就一定可以得到大家的拥护。最早接收信息的人是最热衷于传递信息的人，他们是变革的媒介，以促使更多的人相信这个声音。他们如同一个个接力站，将领导者的信息传递到组织的各个部门和项目机构。卓越领导者的信息最终将被组织的其他人所接受，并成为他们日常语言和思维的一部分。你永远不会听到微软公司的人说"我不知道比尔·盖茨的努力方向是什么"。在通用公司，每个成员都知道杰克·韦尔奇的目标。这就说明领导者的信息在这些公司已经完全得到了传递。

一位领导者如果成功传递了自己的信息，就可以引导员工的思想和行为了。一个清晰有力的声音确实可以影响员工思维和工作的方式，为他们构建自己的目标和价值观，帮助他们判断现状、规划未来。

我所知道的卓越领导者在与人交流时都会心怀敬畏。他们很清楚地知道在企业中，自己需要通过自己的声音来推动工作向前发展。具体步骤是怎样的呢？他们会构思好自己想要表达的信息，通过言语传递出去，然后不断重复，直到清晰传递至每一个人。

下面这个故事可以让我们更进一步了解有力的领导者声音的作用。在我参加过的一个领导力发展会议上，一家知名金融机构的总裁向公司其他高层领导者讲述了与员工的私人交往对于成为真正的领导者的重要性。起初我觉得这很有讽刺意味，心想一家金融巨头的高层领导者却在谈论"感情交流"。他给下级领导者讲述了他自己公司的同级领导者是如何与下级建立私交的，比如邀请公司的年轻人来家里共进晚餐。看得出来，这是他发自内心认同的一个观点。

接着，这位总裁开始强调引导他人的重要性，这与他之前的观点交相辉映。他认为领导者的职务本身就是一个优势，并呼吁那些参加会议的领导者们谦逊、真诚地为别人指引方向。他不断强调私人交往的重要性，还以公司董事长对他的鼓励为佐证。董事长曾在一次深夜搭乘飞机途中，仅仅是因为当时想到了他，就给他发了一条语音信息。在会议上，他告诉公司的其他领导者，从董事长这条简短的关怀信息中，他感受到了一份特殊的意义——董事长能想到他，这对他来说是意义深远的。

这位总裁说他会以个人的方式和他人联系——通过便条、电子邮件或语音信息，来加深别人对他的印象。我很惊讶听众中有很多人都把他的话记录了下来。看上去每个人都以自己的方式领会了他的意思，明白了这种价值观和信念在工作中的作用。这位总裁传递的这一信息看上去平淡无奇，但却得到了大家强烈的认同，这说明他发出的这一声音极具影响力。我确信他的声音肯定不是第一次在这家跨国公司上下激起如此大的共鸣。

随着对该公司成员的不断熟悉，我开始观察这位总裁的声音是否在每个人那里都能听到？这声音是否一致？他们是否完全领会了总裁的想法并将其内化为自己的观点？我采访了 20 位公司派驻至世界各地的分管领导者。无论是在办公室里、电话会议上，或是共同搭乘出租车时，我都能从这些分管领导者那里清晰地听到他们在传递总裁的声音，以及总裁做出的承诺和他推崇的价值观。他与每一位领导者的联络在内容上是一致的，只不过每个人都会以自己的方式来实践这种价值观。

用领导者的声音建立威信

从某种意义上说，领导者的声音就是与公司以及公司成员进行的长期而且不间断的高效对话。这样的对话需要一直持续保持清晰一致，并在不断重复之后就会变得更为有效。

像高效对话一样，领导者的声音同样是通过真诚的交流而发挥作用的，加深领导者与他人之间的联系。领导者的声音所建立的信任可以在组织内部形成一股约束力，激励员工的忠诚和责任心。

卓越领导者们都承认，建立领导者的声音是一个漫长的过程，期间要经历大量的考验和挫折，有时需要经过反复磨合，有时也会陷入错误的泥潭。领导者们需要保持言行一致，这样他们的声音才能越来越响亮。很多领导者正是由于言行不一而无法建立自己的声音。要达到想要的结果——传达有力的领导者声音，就必须要保证自己发出的声音和实际行动之间是完全一致的。

洞察力也是领导者必须具备的能力。听众对领导者所发出的信息的理解比信息本身更重要，因为每个人都要用自己的价值观和信仰对信息进行过滤，而大家的价值观和信仰则是不尽相同的。这也就不难理解为什么有些领导者会因为自己的信息不能顺利传递而备感沮丧。他们不明白，其实在很大程度上他们是可以对信息的传递进行控制的，通过正确的使用媒介就能做到。领导者声音包括信息和媒介两个部分，但人们往往重视前者而忽视后者。清晰的对话永远都离不开对语气、肢体语言和谈话时机的把握。其中谈话时机尤为重要，在某些场合，信息可以更好地被他人接受。当然，信任也是推动信息成功传递的重要因素。

随着经验的不断积累，领导者们会越发重视他人对信息的反应。当一位领导者职位上升、责任渐增的时候，他会以更精简的方式使用语言，用越来越简短的语言提炼自己要表达的信息。领导者要试图去表达核心的意思以及价值观，并明白简洁就是力量的道理。简单明了的信息更容易在组织内部迅速扎根，如同寓言故事一般，易于传播且流传长久。

这也是为什么优秀的领导者都喜欢用故事来阐明自己要表达的信息。以往发生的具体事例是公司宝贵的知识财富，如果一位领导者所讲述的故事在公司成员中广为传递且引人深思，那么他的声音也就成功地得到了传达。公司成员们无须接受什么复杂的理论，从故事中就能解读出价值观和原则。领导者要表达的想法也会随着这些故事的传播而顺利地传递给其他人。

用领导者的声音指引他人

领导者的声音会如同涟漪一般向外传递，看上去波澜不惊，其影响力却不容忽视。领导者每天都会与身边的人进行交流，而这种交流随处可见，如日常对话、信件往来，还有大大小小的会议。我在公司里就很重视这一点。每天，我都会给自己创造机会与身边的人交流。尽管在 Linkage 公司的每一天，我都会议不断、杂务缠身，但我仍保持每天给员工发两封电子邮件，打两个电话，这样可以保证我每天都能和公司四名重要的员工进行交流。渐渐地，我把这件事作为我的日常工作。通过这种方式，我可以把我身为领导者的声音清晰传达给公司的每一个人。

最近发生在孟山都（Monsanto）分公司的一件事让我对每日与员工的交流更为重视了。这位人力资源主管某天突然对正进行的工作有了一个灵感，于是马上给总裁发了封电子邮件。几个小时后，总裁就给她回了一条信息。信息里总裁说他明白了这位主管的想法，并且也给出了自己的评价和感想。在回复中总裁还就她这项工作做出了一个承诺。信息很短，写起来也不费劲，但完全是以领导者应有的那种风格传达了自己的意见。我的这位主管朋友大为感动，她说道："我一定要好好地为他工作，不为别的，就为他能够听取我的意见。"由此可见，这样的交流效果是多么明显。

使用领导者的声音是一项长期且要花心思的工作，期间对员工的指导是非常重要的。那些精通于使用领导者声音的领导者也一定是一个好的导师，他们会花大量的时间利用领导者的声音指导其他人做出正确的决定，创造条件帮助他们采取正确的行动，同时给予他们及时的反馈和评价。坚持不懈是领导者给予员工指导时必须遵循的神圣原则。要确保自己的声音在指导他人的各个阶段都能顺利传递，保持言论的一致性也是关键。最重要的是，优秀的领导者会使用领导者的声音来传递信心，用自己的乐观心态感染他人，让每个人都相信自己的能力，并顺利地完成工作。

遭遇挫折

领导者如果在使用领导者声音时遇到挫折，不再重视领导者声音，那么他的影响力会日趋减弱。如果出现这种状况，就一定要认真审视一下自己所处的状况，看看在传递信息时出现了什么问题。

有些领导者认为，快速更新自己的信息或是改变自己传达信息的语气，可以有效激发员工的工作热情。他们觉得自己的一些突如其来或是员工无法预见的决定——即变化的领导者声音会让员工更为警觉，并保持关注自己的信息。这其实是一种误解，这种做法短期内也许有效，但长期来看却是贻害无穷。那些能够长期运行良好的公司的领导者一定是前后一致、信息清晰、豁达开明，而不会朝令夕改，制造恐慌。

有时候领导者声音的效果会因为这位领导者对于使用领导者声音的热情减退而大打折扣。一些领导者可能会对自己质疑："我这样做是否真的有意义？我说的话真的有那么重要吗？"这也许是由于暂时的信心减退而造成的。我们周围总是会有一些非议者，总喜欢给别人泼凉水，打消别人的热情和远见，这似乎是人的一种天性。遇到这种情况，我们要做的就是坚定自己的原则，重铸信心，鼓励自己继续发出领导者的声音。

一名优秀的领导者尽管做事会三思后行、反复自省，但一定会坚持不懈地做自己想做的事。波士顿凯尔特人队主教练里克·皮蒂诺曾提出过一个名为"98/2"的概念，意思是领导者一定要在98%的时间保证绝对的自信，在另外2%不太坚定的时候，也要尽量保持乐观心态。每个人都会遭遇这2%的时刻，对一些领导者而言，这 2% 的时刻就是一个极大的困扰。我每天都牢记"98/2"这个概念，提醒自己一定要坚持下去。

巩固领导者的声音

对于所有的卓越领导者来说，有时需要巩固一下自己的领导者声音，尤其是在其影响力由于某种原因而有所下降的时候。

这个时候，领导者首先必须认清自己的威信下降的现实，分析影响力下降的原因。质问自己是一个好办法，卓越领导者从不会逃避问题，只有了解了现状才能找到解决方案。比如这时可以问自己："我的拥护者是否在流失？我是否令别人失望了？我是不是没有清晰地传达我的信息？我是不是没能如期履行承诺？我是否对他人期望过高，强迫他们做出超出能力之外的承诺？我是否背离了我的初衷？"

有了正确的思路，卓越领导者们就能弥补先前出现的问题。如果是自己的拥护者减少了，那就再次同他们建立起联系。如果是因为食言令别人失望，那就公开承认自己的错误，重建失去的信任。这时候如果有一个值得信赖的帮手给你提出意见，那将会大有裨益——他可以就你的观点和新举措给予诚恳的评价。

我个人以及不少的领导者认为，在传达领导者声音时所遇到的问题与信息表达得不清楚有关。遇到这种情况，我会谦逊地承认自己做得不够好，并且重申自己的承诺以使我的信息以最明确的方式为他人所理解。在给身边的人发电子邮件或语音信息时，我会花更多的时间尽量让自己的意思表达得具体，我也尝试更关注他人的需求而不是只考虑自己的想法，保证自己是在以正确的方式做着正确的事情。

这样做看上去要耗费大量精力，事实也的确如此，但这是每一位领导者必须要经历的成长历程。当我的领导者声音的影响力减弱的时候，我不会去责怪他人，我知道作为一位领导者有责任确保自己的信息让他人清晰地接收。很多领导者的自我荣耀感很强，这有利也有弊，如果明白了这一点，我们就能放下些许的骄傲，把注意力重新放在审视自己的领导者声音上了。

做最真实的自己

领导者的声音虽然是向外传递的，但是这种交流必须先发自领导者的内心。人们常说，一位领导者应该用自己的真心去领导大家，我一直认为这是一则真理。在这本书里，我多次强调了真诚对于高效对话的重要性。人与人之间只有以心交心、坦诚相见，才能交换真实的想法。

在这方面，领导者应该做好表率，诚恳地告诉大家自己内心的想法和要求。能够做到这一点，才表明他真正学会了如何使用自己的权力。卓越领导者的影响力是通过真诚待人而不断积累的，要做到这一点，首先就要诚实面对自己。

我所观察到的卓越领导者总是在不断地学习和发展自我。这种自我发展有两个方向：一是向外，即提高自己在公司运营和国际市场竞争力等方面的能力；二是向内，即在自己的精神境界里努力前行，上下求索。

这里我提到的对自己的诚实并不仅局限于承认自己的弱点，更重要的是要敢于直面现实。敢于直面现实的人才是真正懂得如何学习的人。然而即使是在我们自己与自己的内心交流时，很多时候我们都会回避现实、回避我们内心最真实、最宝贵的想法。

在本书的结尾，我想探究一下一个人如何才能做到对自己诚实，并在成长、成为优秀领导者的过程中，使用高效对话来做最真实的自己。

我发现自我交流也是最难的一种交流。在这方面，我儿时读的两本书对我帮助很大——一本是《安吉拉的灰烬》（*Angela's Ashes*），另一本是《心灵捕手》（*Goodwill Hunting*）。我出生在波士顿一个爱尔兰天主教家庭，对于忏悔可谓是非常熟悉，也很清楚这一宗教仪式的意义和重要性。尽管如此，我也很善于逃避祷告所带来的尴尬和痛苦。

小时候，我和我的伙伴们总是去意大利教堂做祷告，因为那里的神父不怎么懂英语。如果我们轻声、快速地祷告，神父很难听懂我们在说什么，这样我们每次只需要对自己进行小小的惩罚来赎罪——往往只需要读几遍《天主经》就足够了。我们做错了事，却逃过了应有的惩罚。我还记得有一天我的一个伙伴祷告回来后读了 10 遍《天主经》，大家都禁不住嘲笑他，因为通过他读《天主经》的次数，我们就能想象到他一定是做了很坏的事，但是大家笑他更多的是因为他做的坏事居然被神父知道了。

我想大部分人可能都是如此——不愿意面对现实。逃避现实的时候，我们会认为自己躲过了惩罚，但实际上我们是剥夺了自己改进的能力。我们把不快的现实抛在一边不愿直面，自己欺骗自己，我们在自己的内心埋下了阴云，这阴云遮蔽了我们了解自己的眼睛，也影响我们在这个世界生存的形象。我们的声音变得绵软无力，我们的言行出现了不一致，我们常常不能实践自己口头拥护的价值观和真理。

那些在领导者职位上付出巨大精力的人尤其要注意这一点。管理一家公司所需要付出的努力是无法估量的。公司成长的过程就像一个嗷嗷待哺的婴儿，需要不停地悉心照料，即使有时母亲可能没有足够的奶水，还要想办法来喂养照顾婴儿。作为一位领导者，一定要始终做到斗志昂扬、信心饱满，对未来充满激情。如果做不到这一点，任何努力的结果都可能是事倍功半，甚至徒劳无功的。

我们可以通过认识自我来加强自己的领导者声音。首先要明白探究自我的重要性。然后努力揭开自己真实的想法，确定自己的实际需求，坦然面对自己的满意因素，在内心权衡自己的选择是否现实。如果我们能努力做到忠于自我，那么在通往内心所向往的目标的道路上，也会少经历些困难和波折。

认识自我无法一蹴而就，这是一个缓慢且需付出极大努力的过程。即便努力，也有可能经历失败。尽管忏悔能让我们解脱，但我们仍会有逃避现实、逃避自惩的想法。认识自我的过程可以增进我们在生活和工作中人际交往的能力，帮助我们逐渐成长为卓越领导者。我也希望通过这本书可以为大家提供这方面的帮助。

在你未来的交往对话中请记住这三个词：坦诚、清晰、承诺。在担任领导者的时候，尽管直面缺点和恐惧可能会有风险，但只要你这样做了，你就有机会推进你的工作计划、提升自己的领导力。

附录
高效对话工具箱

　　有效地运用高效对话需要练习。为了便于读者练习，我们在附录部分提供了一些实用的工具，帮助大家掌握高效对话的要义。卓越领导者通过这些工具来确定对话模式和谈话的效果，也就是达到高效对话的目的：推进日程、增进了解和加强联系。

　　附录部分包括：

工具 1：计划、执行、测评高效对话

工具 2：权力金字塔图

工具 3：领导力评测工具

工具 4：信任工具

工具 5：变革工具

工具 6：人才方案

　　这些工具在书中已经解释过，为了方便读者，我们还提供了交互参考。为了全面地了解附录部分的工具，读者应该找到书中相关的部分进行学习。

　　书中列举的工具使用权都属于 Linkage 公司，并且在得到

Linkage 公司的许可下在本书中使用。除个人学习使用这些工具无须申请 Linkage 公司的允许之外，所有其他的引用、出版和使用这些工具都必须事先得到 Linkage 公司的许可。

工具 1：计划、执行、测评高效对话

在第 2 章，我们详细学习了高效对话的结构和作用。下面的工具将有助于读者自行设计对话，并自行衡量对话的效果（或别人讲话的效果）。

设计高效对话

- 第一步：根据日程组织对话，提前确认与会人员的日程。

- 第二步：界定自己想要实现的目标——并考虑其他人所希望达成的目标是什么。

- 第三步：找到自己和他人目标之间的交叉点。

- 第四步：考虑可能会成为实现目标阻碍的因素，并思考排除障碍的办法。

- 第五步：充分考虑对话的时机——不要选择一个不利于进行高效对话的时机，因为如果时机不佳，即使再好的计划也会泡汤。

开展高效对话

- 第一阶段：介绍
  - 在开始高效对话之际，主持人应该开诚布公，并宣布会议的日程安排。
  - 提示：不要担心自己会流露出无助的情绪（关键是你真的是感到无助）。
  - 成功的关键：坦诚。

- 第二阶段：对话过程中
  - 探讨问题，了解他人的需求和想法，同时也坦白自己的需求和想法。
  - 提示：一定从了解他人开始，再谈自己的看法（切记不要以生硬的方式引导对方进入日程）。
  - 成功关键：清晰。

- 第三阶段：结束
  - 对话结束之际，各方都应明白无误地理解了日程，并且基本知道应该如何致力于目标的实现。
  - 提示：清晰说明"要做的事情"。
  - 成功关键：承诺。

检验高效对话

我们可以通过以下三个结果来检验高效对话的有效性：

- 推进日程；

- 相互了解和学习；

- 加强联系。

我把以上三点当成衡量高效对话的标准，还有就是运用图A–1。它们就像一把标尺，可以用来衡量高效对话的实施情况。

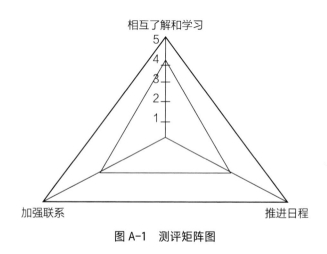

图 A-1　测评矩阵图

同样，下列问题可以帮助你判断对话是否达到了双向沟通的目的。

- 推进日程
  - 问自己："我实现了自己的设想吗？"
  - 问他人："你得到了自己需要的东西吗？"

- 相互了解和学习
  - 问自己："我通过对话学到什么了？"
  - 问他人："你通过对话有所收获吗？"

- 加强联系
  - 问自己："我是否觉得我们的关系更近了？"
  - 问他人："你是否觉得我们的关系更好了？"

当然，每个人都会以自己的方式来问上述问题。不过，通过问上述的问题，你应该能够了解自己是否有效地使用了高效对话。

工具 2：权力金字塔图

在第 2 章中，我们还详细地探讨了如何利用权力金字塔图来构建高效对话（见图 A–2）。下面内容也可供读者参考，了解金字塔图更多的用法，最终推进并达到高效对话的目的。

权力金字塔图的更多用途

权力金字塔图主要有以下四个用途：

- 准备高效对话；
- 实施高效对话；
- 指导下属更好地与人交流；
- 衡量他人的对话效果。

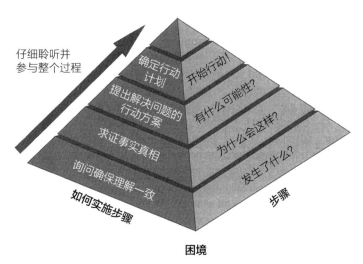

图 A-2　权力金字塔图

权力金字塔图的推进

- 第一步：发生了什么？

  - 可以通过问"发生了什么事？""哪出了问题？"来了解情况。

  - 和大家就问题达成一致看法，了解事情的来龙去脉。

- 第二步：为什么会这样？

  - 花时间了解事情的真相，并了解背后的原委。

  - 在进入下一个环节前，跟相关人核对事实和看法。

- 第三步：有什么可能性？
  - 制定至少 2~4 个行动选择方案。
  - 要事先研究制定的行动方案是否可以解决问题，不然就重新回到第二步。
  - 就行动方案与相关人达成共识再进入下一个环节。

- 第四步：开始行动！
  - 讨论具体的行动步骤。
  - 要确认"你的想法得到实现了吗？""我们的决定你认可吗？""我们目前的进展符合你的预想吗？"
  - 确认——再确认达成的共识，确保大家的理解一致。

如何更好地利用权力金字塔图

- 权力金字塔图更适合设计棘手的对话（见第 5 章）——该图不仅可以帮助你设计对话，也可以指导你完成对话。
- 不要试图越过图中的任何一步（比如，从第一步直接进入到第二步）。
- 每前进一步，都要确认相关人是否同意已经达成的意见。
- 如果有必要可以返回到上一步再进行澄清和探讨。
- 一定要鼓励大家说出心里的真实想法，如果有人隐藏了自己的真实看法，即使达成了一致的意见也是表面化的。
- 在第四步时要确保大家都明白无误地理解了达成的内容。
- 从头到尾，都要仔细倾听别人的发言。

工具 3：领导力测评工具

在第 3 章中，我们介绍了领导力测评工具（LAI），并且分析了不同类型的高效对话。LAI 是一种全方位的测评工具，它是在 Linkage 公司所研究出来的卓越领导者素质基础上形成的（见图 A–3），该模型是 Linkage 公司结合本尼斯对于高效领导者素质的研究而得出的成果。接下来，大家会看到模型中关于几个概念的定义：领导者的知识、技巧、能力。这个部分还为大家提供了一个领导力自测题，读者可以通过这个小测试来了解在领导力方面的优势和劣势。请注意，如果你想全面地衡量自己的领导力，那么你需要完成测试题中所有的问题，一共是 75 道题，它们能测评领导能力和领导技巧两个方面。

· 专注力与内驱力
· 情商
· 信任影响力
· 概念性思维
· 系统思维

| 能力 |
| 知识 | 技巧 |

· 市场营销/销售　　　　· 变动管理
· 经营企业　　　　　　· 指导／引导
· 财务　　　　　　　　· 沟通
· 人力　　　　　　　　· 谈判
· 战略规划　　　　　　· 解决问题

图 A–3　领导者素质模型

领导者的知识

- 市场营销 / 销售：领导者应该了解公司的产品、服务和各个项目，具备产品的营销知识。

- 经营企业：领导者应具备运营公司和企业的知识，比如如何协调组织各个部门的工作。

- 财务：领导者需具备理解财务金融报告和经济大趋势的能力（并能够知道如何采取相应的行动）。

- 人力：懂得如何雇用、解雇员工，并且最大可能地激发员工的潜力。

- 战略规划：懂得如何为企业制订短期和长期的战略规划。

领导者的技巧

- 变动管理：能够积极应对公司内部和外部的变化。

- 指导 / 引导：能够运用技巧来指导下属，帮助他们把工作做得更好。

- 沟通：能够很好地与公司内部和外部的人进行交流沟通。

- 谈判：能够与公司内部和外部的人就问题达成一致的理解，并寻求解决方案。

- 解决问题：运用分析能力、从实用主义出发解决复杂的问题。

领导者的能力

- 专注力与内驱力：锁定目标，集中精力来实现目标——能够在精力和动力之间取得很好的平衡。
- 情商：理解并能够控制自己的感情（也能够理解他人的感情），显示出领导者的自信是观察力和情商之间的一种平衡。
- 信任影响力：能够激发他人对自己的信任，也能够信任他人——要懂得守信和授权的平衡。
- 概念性思维：为公司的未来着想，不仅要具有创新意识，还要从公司的全局出发考虑问题。
- 系统思维：要能够把公司运营的各个流程、事件和结构综合起来考虑。

影响领导者能力的因素

领导者的能力包括五个方面，每个方面都包含两个影响因素（见图 A-4）。

- 专注力与内驱力
  - 专注力：锁定重要的目标和未来的目标，找到实现目标的途径。
  - 内驱力：能够集中精力、持之以恒且在必要的时候可做出牺牲，全力以赴地去达成目标。

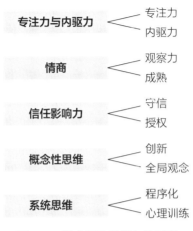

图 A-4　影响领导者能力的因素

- 情商
  - 观察力：能够敏锐地观察分析他人的情绪变化和想法。
  - 成熟：能够控制自己的感情，处理压力，即使在困难的时候也能保持自信，激励团队继续锁定目标。

- 信任影响力
  - 守信：通过守信获得他人的信任，能够恪守高道德标准和原则。
  - 授权：信任并指导、促成下属发挥潜力，把工作做得更好。

- 概念性思维
  - 创新：通过创新提升产品和服务，保证公司实现既定目标。

　　– 全局观念：要通盘考虑公司的资产、运用形式、内外部环境和人力条件。

- 系统思维
　　– 程序化：通过设计、实施和优化连接公司的各个流程，提高整体表现和应对能力。
　　– 心理训练：能够在局势混乱、不清晰的时候抓住重点，将胜出的决定付诸行动。

LAI 领导力自评测试

　　综述：该测试题能够让你了解什么是 LAI，并且可以通过测试了解自己的领导潜力，了解自己的优缺点。LAI 全套测试包括 75 道题，本工具提供 20 道题，但 20 题都与前面提到的其他工具和领导者的 5 个主要能力有关。

　　提示：想想你每天的工作。然后根据实际情况回答问题，并给自己打分：

1= 我很少那么做；

2= 有时我会那么做；

3= 我常常那么做；

4= 我很多时候都那么做；

5= 我总是那么做。

在下面题后的括号里根据自己认为的实际情况来给自己评分。

A. 专注力与内驱力

1. 我会制定非常有挑战性的目标，而不仅仅是求稳或者指定容易实现的目标。（ ）

2. 当锁定了主要目标之后，我会全力以赴去实现它。（ ）

3. 如果在实现目标的过程中有其他干扰我的事情，我可以排除干扰。（ ）

4. 我能够排除实现目标可能遇到的潜在困难。（ ）

总分（ ）

B. 情商

5. 我会考虑自己的行为和决定对他人产生的影响。（ ）

6. 我通过乐观和诚恳在自己周围建立一个非常有利的工作环境。（ ）

7. 我可以潇洒地接受失败和挫折，然后制定新的目标。（ ）

8. 对于不同的人，我处理问题的方式也有所不同。（ ）

总分（ ）

C. 信任影响力

9. 我可以通过对未来的规划激励员工。（ ）

10. 我关注下属的业绩，并会给予他们及时和清晰的反馈。（ ）

11. 我会尽可能地帮助下属完成工作，取得成绩。（ ）

12. 我自己也会力求完成自己的本职工作，为下属做好榜样。（ ）

总分（　　）

D. 概念性思维

13. 我常常会问"如果……会怎么样"这样的问题，来对问题进行三思，也用这个问题来反思企业现状。（　　）

14. 我总是试图找到解决问题的最佳方式，而不是按部就班地解决问题。（　　）

15. 我会把相关信息、现状和各方面的情况联系起来分析思考，然后找到问题的核心关键，同时也看到机遇。（　　）

16. 我会通过概念性思维来寻找公司体制里本质的问题，因为这才是许多问题背后的真正原因。（　　）

总分（　　）

E. 系统思维

17. 在纷繁复杂的信息面前，我能看清真伪虚实，并理清自己的思路。（　　）

18. 我会按照公司议事程序，确保相关人员都参与议程。（　　）

19. 新想法在实施前，我会确保这个想法和公司现状有高契合度。（　　）

20. 在做出决定前，我会征询公司主要负责人的意见和看法。

总分（　　）

分析： 现在请把五个方面的总分相加。

- 在五个方面，你哪个环节获得的分数最高?
  - 这可能是你身为领导的强项。
- 哪个部分获得的分数最低?
  - 这可能体现了你作为领导者需要加强的地方。

现在，重新翻看第 3 章，在这一章里，我们把领导者的能力和高效对话的类型结合起来分析——比如，专注才能确保高效对话的正常进行；情商的高低决定了高效对话过程的稳步推进，等等。这份自测题能让你看清自己领导力中的优势和劣势，这将帮助你选择适合自己的高效对话类型。

工具 4：信任工具

在第 6 章中，我们讨论了高效对话和信任的话题。下面的工具会帮助你继续了解有效对话的要义。下面的内容主要包括三个方面：(1) 建立信任的模式 (见图 A–5)；(2) 信任的四要素 (见图 A–6)；(3) 信任的不同层次 (见图 A–7)。这三个图形相关的内容在书中都有详细的讲解。把这三个模式放在一起学习，会对信任的重要性有一个全新的了解。

说和做的关系图

- 图 A–5 中的横线表示领导者如何建立和维护信任——通过言行一致，还有就是不做自己没有说过的事情。

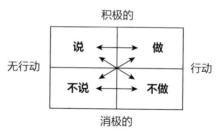

图 A-5　说和做的关系

- 另一方面，对角线表示领导者可能会遇到的问题——如果他们说了什么，但是没做，或者做什么事情前没有事先通知，都会有损信任。

信任的四要素图

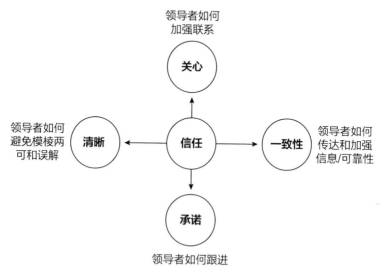

图 A-6　信任的四要素

信任的不同层次

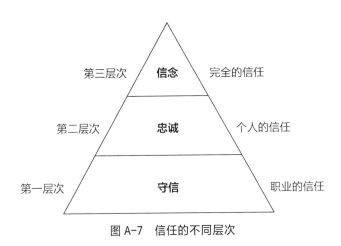

图 A-7　信任的不同层次

你和他人的关系现在停留在哪个层次？通过下面的描述确定。

第一层：始于承诺

- 我们总是：
    - 倾听他人的心声；
    - 力求清晰——会询问具体的问题；
    - 确认理解无误；
    - 了解他人的预期。

- 我们不会：
    - 给人模棱两可的同意；
    - 理所当然地认为或以为；

　　　　－ 怠慢他人的问题；

　　　　－ 忘记承诺。

第二层：加深联系

- 我们总是：

　　　　－ 对他人表示出关心；

　　　　－ 及时表扬他人；

　　　　－ 给予提醒和建议；

　　　　－ 维护支持他人；

　　　　－ 花时间建立感情。

- 我们不会：

　　　　－ 遇事不顺就发飙；

　　　　－ 为了保全自己牺牲他人；

　　　　－ 背后议论他人；

　　　　－ 传递谣言。

第三层：信仰

- 如果有信仰，我们会：

　　　　－ 分享彼此的信念；

　　　　－ 以身作则；

　　　　－ 接受 / 了解他人；

　　　　－ 承认错误。

- 我们不会：

    - 撒谎（小谎也不撒）；

    - 剽窃他人成果；

    - 言行不一；

    - 就原则问题妥协。

工具 5：变革工具

在第 7 章中，我们讨论了如何促成变革。如果你目前也正在考虑公司的变革议程，那么请参看第 7 章的具体内容和步骤。如图 A–8 所示的工具，我们称之为蓝图，也是帮助你实施变革的。这个图主要是帮助你启动变革（以及制定相应的步骤实现变革）。

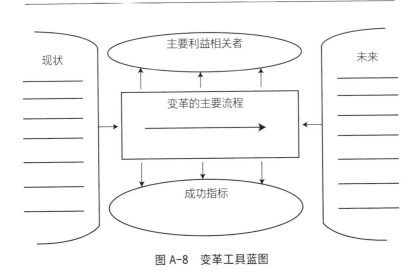

图 A-8　变革工具蓝图

如何使用蓝图

- 第一步：理清未来的计划
  - 考虑未来两三年的事情；
  - 不妨大胆地设想三年后你会看到报纸头条如何来报道你们的公司；
  - 着眼未来。

- 第二步：评估现状
  - 评估公司的现状；
  - 目前公司主要的优势特点；
  - 接受认同公司现状。

- 第三步：进行差距分析
  - 把公司的现状和你所设想的未来做一个比较；
  - 差距有多大？怎么做才能把这之间的差距缩小。

- 第四步：导致变革的核心程序
  - 要找到一个良好的开端来促进变革；
  - 通过对话、实际工作和每天的管理来推进日程；
  - 制定变革的行动步骤和进程表。

- 第五步：锁定重要的利益相关人
  - 如果要启动变革，哪些人是支持者，哪些人是反对者；哪些人会在变革中受益，哪些人受损；
  - 考虑如何使上述这些人融入变革的计划中来。

- 第六步：确定成功指标
  - 制定衡量进展和成功的标准；
  - 要确定一个全方位的指标（员工反馈、客户反馈、经济效益、产出等），指标的确定要针对变革的目标。

工具6：人才方案

在第9章中，我们研究的是卓越领导者是如何留住公司的重要员工的。图 A–9 所示的工具就是致力于帮助领导者通过高效对话让明星员工留在公司里。

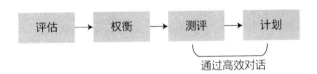

图 A-9　留住人才的途径

- 第一步：评估
  - 从组织的角度来评估员工的价值；
  - 通过生产力、产出、能力、团队精神等标准来衡量员工对组织的重要性；
  - 找出对组织最重要的前三名员工（对于领导者而言，这三名员工就是你应该去努力留住的员工）。

- 第二步：权衡
  - 估算一下如果最重要的员工离职，那么要招聘新人的成本是多少，市场净值是多少；
  - 预估招聘新人的费用，还有对客户、生产力、知识等方面的影响；
  - 出具一份风险评估报告，核算可能出现的费用和损失。

- 第三步：测评
  - 制定高效对话战略，和核心员工进行沟通，了解他们的需求和期望值；
  - 在对话中要注意哪些是满意因素，哪些是不满意因素；
  - 找出对于重要员工的满意因素和可能导致重要员工不满意的因素。

- 第四步：计划
  - 要进行跟踪对话，了解核心员工的要求和愿望是否得到了满足，还有不满意因素是否得到了妥善的处理。

北京阅想时代文化发展有限责任公司为中国人民大学出版社有限公司下属的商业新知事业部，致力于经管类优秀出版物（外版书为主）的策划及出版，主要涉及经济管理、金融、投资理财、心理学、成功励志、生活等出版领域，下设"阅想·商业""阅想·财富""阅想·新知""阅想·心理""阅想·生活"以及"阅想·人文"等多条产品线，致力于为国内商业人士提供涵盖先进、前沿的管理理念和思想的专业类图书和趋势类图书，同时也为满足商业人士的内心诉求，打造一系列提倡心理和生活健康的心理学图书和生活管理类图书。

《留人更要留心：员工激励的破解之道》

- 多所高校总裁班讲师、华为研究专家周锡冰诚意之作。
- 手把手教你如何留人、留人心，让员工有归属感，与企业共成长。

《如何说，别人才会听进去：打造高质量沟通》

- 无论工作还是生活中，80%的问题都是沟通问题。
- 七个易犯的沟通错误、八个关键的沟通技能，学会在沟通中不踩雷，巧妙控场，不冷场，成为言之有物、说话好听的沟通高手。